ANGST?
Mit Achtsamkeit zu neuem Mut

Mag. Majda Moser

ANGST?

Mit Achtsamkeit
zu neuem Mut

maudrich

Bibliografische Information der Deutschen Nationalbibliothek
Die Deutsche Nationalbibliothek verzeichnet diese Publikation in der Deutschen Nationalbibliografie; detaillierte bibliografische Daten sind im Internet über http://dnb.d-nb.de abrufbar.

Umschlaggestaltung: Facultas Verlags- und Buchhandels AG, Marcus Balogh
Umschlagbild: © AnthonyJess, AdobeStock.com
Lektorat: Astrid Fischer, Berlin, www.astridfischer.eu
Typographie und Satz: Hannes Strobl, Neunkirchen/NÖ
Druck: Finidr, Tschechien
ISBN 978-3-99002-101-9

Auch als ebook erhältlich: ISBN 978-3-99030-775-5 (epub)

Dieses Buch widme ich als ein Zeichen der Dankbarkeit meinem Sohn Andreas und seiner Frau Eveline, für alles was wir zusammen erreicht und durchgestanden haben.

Mit großer Dankbarkeit und Erfüllung blicke ich auch auf mein bisheriges Leben und meine Erfolge zurück, auf alle meine überwundenen Ängste und Hindernisse.

Angst verleiht Flügel, heißt es.
Wie, das beschreibt Majda Moser in diesem Ratgeber.

Vorwort

Angst, wer kennt sie nicht? Wir alle haben sie schon erlebt. Sie steht eng in Zusammenhang mit den Erfahrungen, welche wir im Laufe unserer Kindheit oder im späteren Leben gemacht haben. Gleichzeitig liegen Studien vor, dass Ängste, in Verbindung mit Depressionen, zu den häufigsten Todesursachen in den westlichen Industrieländern zählen – Tendenz steigend. Angesichts dieser Erkenntnis ist es unvermeidbar, sich mit der Problematik auseinanderzusetzen.

Obwohl bereits eine große Anzahl an Büchern und Ratgebern zum Thema Angst existiert, werden diese im Stillen, also alleine, gelesen. Offen über Ängste zu sprechen, stellt eher die Ausnahme dar, denn meist wird dies mit Schwäche verbunden. Sie ist nicht salonfähig, was uns auch von Kindestagen an vermittelt wird: „Du Angsthase", „Du brauchst doch keine Angst zu haben" oder „Nur (kleine) Mädchen haben Angst" sind Sätze, die wohl jede/jeder von uns irgendwann gehört hat. Doch in meiner Praxis arbeite ich tagtäglich mit Menschen, die eine Vielzahl an Ängsten empfinden und in sich tragen. Sie zeigen es mir durch ihre Körpersprache oder ihren Gesichtsausdruck, sobald ich sie aber nach ihren Ängsten frage, meinen sie, keine zu haben. Sie erlauben es sich nicht, Angst zu haben, da sie es als etwas Negatives empfinden.

Wer jedoch lange Zeit unter starken Ängsten leidet, wird nicht nur unzufriedener mit sich selbst, sondern riskiert auch seine Gesundheit. Denn durch die körperliche Anspannung bekommen unsere Organe immer weniger Energie und dies kann zur Entstehung von Krankheiten führen. Die bioenergetische Lehre geht davon aus, dass alles, was uns im Leben widerfährt, muskulär und bindegewebsmäßig abgespeichert wird. Jeder Muskel ist wiederum mit den Organen verbunden. Wenn diese aber verspannt und verhärtet sind, kann keine Energie mehr fließen und die Entwicklung einer Krankheit wird dadurch begünstigt oder sogar ausgelöst.

Dies beschreibt in vereinfachter Weise den Vorgang, wie aus unseren Ängsten körperliche Krankheiten werden können. In der Regel handelt es sich dabei um einen längeren Prozess. Für die Genesung bzw. die Heilung dieser Krankheiten stellt Angst jedoch eine zusätzliche Herausforderung dar.

Daher ist es wichtig, die eigenen Ängste zu analysieren, sie zu erkennen, anzunehmen und nicht weiter zu verdrängen. Indem wir uns unseren Ängsten stellen, bekommen wir wieder Energie und werden selbstbewusster. Unser Selbstwert steigt, da wir die Erfahrung machen, dass wir dazu fähig sind, unser eigenes Leben zu bewältigen und sogar ein gutes Leben in Liebe, Vertrauen und Zuneigung zu führen.

Wir müssen uns bewusstmachen, dass die Angst das Gegenteil von Liebe ist. Und wo Angst ist, hat Liebe keinen Platz. Wenn wir Angst haben, können wir uns selbst nicht lieben, da wir uns als schwach und ungenügend empfinden – aber wie sollen wir dann eine liebevolle Beziehung eingehen können? Das ist nicht möglich, dabei stellt dies doch ein Grundbedürfnis des Menschen dar. Je mehr wir uns vertrauen und lieben lernen, desto mehr und intensiver werden wir auch Liebe von außen erfahren. Indem wir lernen, uns selbst zu lieben, lernen wir gleichzeitig, unser Herz, unseren Körper und unseren Geist zu stärken.

Deshalb ist es notwendig, eine Methode und einen Weg zu finden, unseren unterdrückten Ängsten und Gefühlen Raum zu geben und dadurch wieder zu mehr Lebensenergie und Lebensfreude zu finden. Mit diesem Buch möchte ich Ihnen dabei helfen. Durch praktische Übungen und Methoden können Sie lernen, Ihre Ängste zu erkennen und diese nicht länger zu verdrängen. Lernen Sie außerdem von ausgewählten Erfahrungsberichten meiner Klientinnen und Klienten, in welchen diese selbst ihre Geschichte erzählen. Seien Sie versichert, dass Sie nicht alleine sind. Jeder Mensch kennt das Gefühl der Angst – trauen Sie sich, darüber zu sprechen, und merken Sie, wie es Sie befreien kann.

Wien, im März 2019  Ihre Majda Moser

Inhalt

GRUNDLAGEN

Der Mensch und seine Emotionen

Als Grundlage für die Auseinandersetzung mit dem Angstgefühl muss zunächst der Emotions- bzw. Gefühlsbegriff erläutert werden. Hierfür wird auf folgende Fragen genauer eingegangen: Was sind Gefühle? Welche Rolle spielen sie in unserem Leben? In welchem Zusammenhang stehen sie mit unserem Selbstwert? Und was kann die Bioenergetik für den Menschen, seinen Körper und seine Emotionen tun?

Jede/jeder von uns hat es schon einmal erlebt: Es kribbelt im Bauch, wenn wir verliebt sind, es schnürt uns vor Traurigkeit die Kehle zu, unser Herz möchte aus der Brust springen, wenn wir nervös sind oder wenn wir vor Freude kaum stillsitzen oder tanzen können: Durch unsere Gefühle spüren wir unser Leben.

Aufgrund der inflationären Verwendung des Gefühlsbegriffes soll zunächst eine Abgrenzung zwischen Empfindung, Emotion und Gefühl erfolgen, die häufig synonym verwendet werden.

Empfindung: Wir erfahren sie aufgrund unserer menschlichen Sinne, indem wir beispielsweise mit unseren Ohren etwas als laut oder leise hören, mit unseren Augen etwas als grell oder verschwommen wahrnehmen, mit unserer Nase einen Geruch oder Duft erkennen, mit unserem Mund etwas Süßes oder Salziges schmecken und mit Hilfe unseres Tastsinns etwas als weich oder hart empfinden.

Biologische Empfindungen: Hierbei handelt es sich um Empfindungen, welche wir aufgrund unserer Menschlichkeit in uns tragen. Freud bezeichnete sie als Triebe, andere sprechen von der Natur des Menschen. Diese Gruppe umfasst Durst, Hunger, Aggression, den Geschlechtstrieb, den Mutterinstinkt, die biologische Angst oder auch das Verliebtsein.

Emotionen und Gefühle: Die dritte Gruppe beinhaltet menschliche Empfindungen wie Trauer, Liebe, Überraschung, Freude, Wut, erlernte Angst, Ekel, Hass, Vertrauen und Verachtung. In der Neurowissenschaft wird noch zusätzlich zwischen Emotionen und Gefühlen differenziert: Emotionen stellen die Reaktion auf einen wahrgenommenen Reiz dar, Gefühle wiederum entstehen erst, wenn dieser wahrgenommene Reiz und unsere körperliche Reaktion auch in unserem Hirn verarbeitet und erkannt werden. Um die Verständlichkeit zu erleichtern, wird in diesem Buch jedoch gleichermaßen von Emotionen und Gefühlen gesprochen, ohne eine Unterscheidung vorzunehmen.

Unsere Gefühle sind vielschichtig und uns größtenteils aus Urzeiten mitgegeben. Sie steuern mit großer Macht unser Erleben und Verhalten. Dabei richten sich unsere Gefühle vorwiegend auf das, was uns umgibt, was wir unmittelbar wahrnehmen, vor allem aber auf unsere Mitmenschen. Gefühle geben uns Orientierung und ermöglichen uns eine spontane Bewertung von Menschen und Ereignissen. Gefühle lassen uns spüren, dass wir mit dem Leben verbunden sind, und steigern dadurch unseren Selbstwert. Wenn wir unsere Gefühle nicht wahrnehmen und ihnen nicht erlauben, sich in uns auszubreiten und sich nach außen hin auszudrücken, können wir uns auch nicht als spontan, lebendig und selbstsicher erleben.

Gefühle sind Zustände, in welchen wir ein verstärktes Erleben, eine gewisse Erregung oder zumindest eine innere Bewegung verspüren. Sie drängen uns dazu, etwas zu tun oder zu unterlassen – unabhängig davon, ob es sich dabei um Freude, Liebe, Angst, Trauer oder Wut handelt. Je mehr wir uns spüren, desto lebendiger und mit dem Leben verbunden können wir uns fühlen. Denn in unserem inneren Erleben drückt sich unser Selbstwert mit Hilfe von Gefühlen aus. Mangelt es uns an Selbstwert, sind diese Gefühle gedämpft oder gar nicht vorhanden.

Der Mensch und sein Selbstwert

Unser Selbstwert ist definiert durch die Vorstellungen, Bilder und Gefühle, welche wir über uns selbst haben. Im besten Fall sind diese durch Selbstachtung und Wertschätzung der eigenen Person gegenüber geprägt. Selbstwert entsteht, wenn wir positive Erfahrungen und Erlebnisse von Harmonie und Anerkennung in zwischenmenschlichen Beziehungen, aber auch mit uns selbst erfahren. Unseren Selbstwert nehmen wir anhand unseres Selbstwertgefühls wahr. Die beiden Begriffe werden in diesem Buch synonym verwendet.

Die Vorstellung vom eigenen Wert trägt jeder Mensch in sich und kann bildlich als innerer Selbstwerttopf beschrieben werden. Dieser kann voll, halb leer oder leer sein, das heißt, der Selbstwert kann hoch, stabil, niedrig oder wackelig sein. Ist der Selbstwerttopf voll, dann strömen Integrität, Ehrlichkeit, Verantwortlichkeit, Leidenschaft und Liebe frei aus dem Menschen hervor. Der glückliche Mensch mit einem vollen Selbstwerttopf weiß, dass er etwas bedeutet und dass die Welt durch seine Existenz ein bisschen reicher ist. Ist unser Selbstwerttopf weniger voll, so macht sich dies durch Selbstzweifel, Unsicherheit und Ängste bemerkbar.

Wie bereits zuvor erwähnt, entsteht unser Selbstwert mit Hilfe von positiven Erlebnissen und Anerkennung, welche wir unter anderem in zwischenmenschlichen Beziehungen machen bzw. erfahren können. Vor allem frühkindliche und kindliche Erfahrungen legen hier einen Grundstein für einen positiven Selbstwert. Wenn Kinder durch ihre Bezugspersonen die Erfahrung machen, dass sie geliebt und anerkannt werden, dass sie in Ordnung sind, so wie sie sind, wenn sie Zuwendung und Liebe erfahren und in ihren Bedürfnissen und Gefühlen wahr- und ernstgenommen werden, führt dies zur Entstehung und zum Wachstum ihres Selbstwerts.

Sind diese Erfahrungen jedoch negativ und wird uns das Gefühl vermittelt, dass wir nicht so angenommen und geliebt werden, wie wir sind, dann nimmt dies wiederum ebenfalls Einfluss auf unseren Selbstwert. Wertschätzung und Selbstachtung nehmen ab, wir beginnen abwertend und negativ über uns selbst zu denken. Die daraus entstehenden negativen Gefühle sind verbunden mit Schmerz und nicht selten versuchen wir, diese negativen Emotionen aus Selbstschutz zu verdrängen und zu unterdrücken.

Der bioenergetischen Lehre zufolge werden alle Erfahrungen und Erlebnisse, welche wir im Laufe unseres Lebens machen, auch körperlich abgespeichert. Für uns Menschen bedeutet dies, dass ein Verdrängen und ein Unterdrücken von negativen Emotionen nicht dazu führen, dass sie verschwinden. Vielmehr suchen sie sich einen anderen Weg, um sich bemerkbar zu machen. Nicht selten geschieht dies in Form von Ängsten, Süchten und körperlichen Beschwerden.

Die Bioenergetik

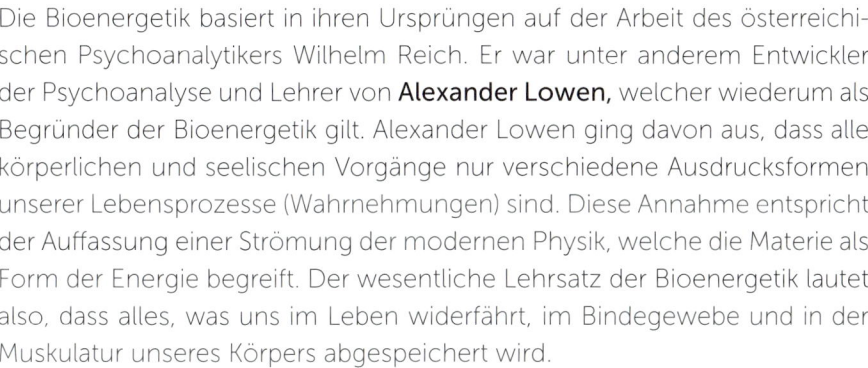

Die Bioenergetik basiert in ihren Ursprüngen auf der Arbeit des österreichischen Psychoanalytikers Wilhelm Reich. Er war unter anderem Entwickler der Psychoanalyse und Lehrer von **Alexander Lowen,** welcher wiederum als Begründer der Bioenergetik gilt. Alexander Lowen ging davon aus, dass alle körperlichen und seelischen Vorgänge nur verschiedene Ausdrucksformen unserer Lebensprozesse (Wahrnehmungen) sind. Diese Annahme entspricht der Auffassung einer Strömung der modernen Physik, welche die Materie als Form der Energie begreift. Der wesentliche Lehrsatz der Bioenergetik lautet also, dass alles, was uns im Leben widerfährt, im Bindegewebe und in der Muskulatur unseres Körpers abgespeichert wird.

Dr. Alexander Lowen wurde in New York geboren und war ein Schüler des Psychoanalytikers Wilhelm Reich. Reich befasste sich mit den Inhalten der Körperpsychotherapie, welche den menschlichen Organismus als Einheit sieht und besonderes Augenmerk auf dessen Muskulatur legt. Im Anschluss an Lowens therapeutische Tätigkeit und sein Medizinstudium in der Schweiz kehrte er in die USA zurück und war dort Mitbegründer des „International Institute for Bioenergetic Analysis". Er entwickelte gemeinsam mit seinem Partner John Pierrakos, ebenfalls ein Schüler von Reich, die Bioenergetische Analyse und gilt als Begründer der Bioenergetik. Ihrem Ansatz, welcher den Körper als Einheit anerkennt, wird in unserer heutigen Gesellschaft verstärkt Aufmerksamkeit geschenkt, da die kognitive Psychologie an ihre Grenzen zu stoßen scheint und verstärkt der gesamte Körper in die Behandlung psychischer Probleme miteinbezogen werden muss.

Um dies zu verdeutlichen und anschaulich zu machen, bitte ich Sie darum, sich nun eine Stresssituation vorzustellen. Sie werden merken, wie Ihr Körper beginnt sich anzuspannen. Vielleicht spüren Sie auch einen Druck oder ein Engegefühl an verschiedenen Stellen. Nun stellen Sie sich wiederum eine angenehme Situation vor. Wahrscheinlich merken Sie bald, dass Ihre Anspannung nachlässt, Ihre Körperhaltung sich verändert und Enge bzw. Druck abnehmen. Sie sehen, Ihr Körper reagiert auf Ihre Wahrnehmungen.

Ein natürliches Gleichgewicht von Anspannung und Entspannung ist dann gegeben, wenn wir unseren Gefühlen Raum geben und sie ausleben. Denn nur in einem flexiblen Körper kann ein lebendiger und kreativer Geist leben. Haben wir jedoch gelernt, unsere Gefühle zu unterdrücken, weil sie beispielsweise mit Scham oder Angst verbunden waren, bleibt die überschüssige Anspannung im Körper erhalten, welche wiederum eine Schicht in unserem Körper bildet und mit der Zeit zu einem Panzer wird. Deshalb wird in der Bioenergetik auch von der Panzerung des Körpers gesprochen, welche uns irgendwann davon abhält, auch positive Gefühle des Lebens zu empfinden, da unser Emotions- und Lebensfluss durch sie blockiert wird. Infolgedessen sucht sich der Körper eine andere Möglichkeit, um diese wahrnehmbar werden zu lassen.

Ängste, Fehlhaltungen, Schmerz und Krankheit werden in der **Bioenergetik** somit als Signale und Hilferuf des Körpers verstanden. Mit Hilfe dieser Sichtweise können alte, eingefahrene, die Lebenssituation blockierende emotionale Muster und Einstellungen aus dem verspannten Körper gelöst und bewusst gemacht werden. Dies stellt die Vorgehensweise der Bioenergetik dar. Sie wird bereits seit Jahren sehr erfolgreich bei jenen körperlichen Erkrankungen eingesetzt, welche eigentlich auf seelischen Problemen beruhen. In der Medizin wird dabei von **Psychosomatik** gesprochen. Dieser Zusammenhang zwischen seelischer Befindlichkeit und körperlicher Gesundheit kann wie folgt beschrieben werden:
   Befindet sich eine betroffene Person beispielsweise über längere Zeit in einer schlechten gefühlsmäßigen Verfassung, z.B. wenn sie sich immer wie-

der ängstlich, gestresst oder traurig fühlt, wird ihr Körper durch das menschliche Hormonsystem permanent in einen Ausnahmezustand versetzt. Zwar können die Organe für längere Zeit mit dieser zusätzlichen Belastung fertigwerden, irgendwann werden sich jedoch körperliche Beschwerden bemerkbar machen – in Form von Verspannungen, Magenbeschwerden, Kopfschmerzen oder Rückenproblemen. Zwar können diese durch bewusst herbeigeführte Ruhe und Entspannung wieder verschwinden, da unser Körper jedoch, wie zuvor bereits erwähnt, nichts vergisst, setzen diese Beschwerden in jenem Moment sofort wieder ein, wenn es zur Rückkehr der negativen Empfindung (z.B. Angst, Einsamkeit oder Trauer) kommt. Solche wiederkehrenden Beschwerden werden in der Bioenergetik als funktionelle Beschwerden bezeichnet, da sie eine wichtige Aufgabe erfüllen: Sie vermitteln uns durch unseren Körper, dass mit unserer Psyche gerade etwas nicht in Ordnung ist.

Werden diese Informationen nicht wahrgenommen, sondern etwa verdrängt, unterdrückt oder irrational begründet (das liegt am Wetter, der Jahreszeit oder Ähnlichem), kann dies durch die Daueranspannung zu massiven körperlichen Erkrankungen führen. Da die Bioenergetik den Menschen als Einheit sieht, wird seine psychische Verfassung genauso wie der physische Ausdruck seiner psychischen Verfassung berücksichtigt. Das bedeutet in der Praxis, dass Betroffene lernen müssen, sich auf die Wünsche und Bedürfnisse ihres Körpers einzulassen und herauszufinden, welche psychischen Ursachen ihre körperlichen Leiden haben.

Ein wesentliches **Ziel der Bioenergetik** besteht darin, unsere wahren Gefühle anzunehmen und sie nicht durch Trugbilder zu verändern oder zu ersetzen. Trugbilder können einen Rettungsanker für uns darstellen, indem sie uns davor schützen, negative Gefühle empfinden zu müssen. Dies soll anhand zweier Beispiele verdeutlicht werden: Eine Klientin berichtete über den immer wieder aufkommenden Wunsch, abends in eine Bar zu gehen. Sie klagte allerdings, stets so müde zu sein und daher nicht gehen zu können. Auf meine Frage, ob sie dorthin auch alleine gehen würde, meinte sie, dass sie dies durchaus täte. Als ich sie dann jedoch darum bat, sich in die Situation hineinzuversetzen und sich vorzustellen, wie sie sich dort alleine an

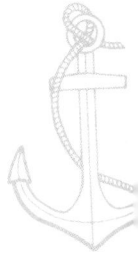

der Bar fühlen würde, meinte sie: „Ich würde mich wohl schämen und nicht so gut fühlen." Ihre Müdigkeit wurde somit zu einem Trugbild bzw. einem Rettungsanker, um sich nicht den negativen Gefühlen von Scham und Einsamkeit aussetzen zu müssen.

Ein anderes Beispiel für solch ein Trugbild ist die Geschichte einer Freundin. Sie klagte seit Jahren immer wieder über Blasenentzündungen. In unserer Arbeit erkannte sie, dass es sich dabei jedoch nur um eine Schutzfunktion des Körpers handelte, da sie sich in einer unglücklichen Beziehung befand und keinen Geschlechtsverkehr mehr mit ihrem Partner haben wollte. Durch die ständigen Blasenentzündungen kommunizierte sie ihm, dass sie nicht konnte, obwohl sie in Wirklichkeit nicht mehr wollte.

Wenn wir lernen, unsere Trugbilder zu lösen und die dahinterliegenden Gefühle und vor allem Ängste (denn meist handelt es sich dabei um solche) zu erkennen, können wir alt eingefahrene Muster, welche uns in unserer Lebendigkeit und unserem Lebensfluss eingeschränkt haben, aufbrechen. Somit gelangen wir zu mehr Lebensfreude und Lebenslust. Auch auf andere wirken wir dadurch lebendiger und lebensfroher und wir ziehen ebenso positive und lebensfrohe Menschen an. Das bedeutet nicht, dass negative Gefühle nicht aufkommen, schließlich ist unser Leben ein Weg, der manchmal holpriger und manchmal glatter verläuft. Jedoch erkennen wir so den Unterschied zwischen alten Ängsten und der Realität und lernen, dass negative Gefühle ebenso eine Berechtigung besitzen und ausgelebt werden dürfen. Wir übernehmen damit die Verantwortung für unsere Emotionen, unseren Körper und unser Leben. Wir sind körperlich und seelisch frei, äußerlich und innerlich bewegt.

Ab Seite 103 stelle ich Ihnen Methoden und Lösungsansätze vor, wie Sie mit einfachen Übungen genau zu diesem Ziel gelangen können, wie Sie dies in Ihren Alltag integrieren und dadurch schrittweise zu mehr Lebensfreude gelangen können. Zunächst wird jedoch auf das Angstgefühl genauer eingegangen, da dieses uns oft am stärksten im Empfinden und Ausleben unserer anderen Gefühle einschränkt.

Was ist Angst?

Bereits in der Antike haben sich Philosophen wie Aristoteles und Platon mit dem Gefühl der Angst beschäftigt. Beide betrachteten Angst als **physische Reaktion auf ein konkretes Objekt.** Auch sprachwissenschaftlich bezieht sich Angst auf eine physische Reaktion. Der Begriff kommt vom lateinischen Wort „angustus", was so viel bedeutet wie Beengtheit beziehungsweise Enge, „angor" heißt Würgen, Beklemmung und „angere" die Kehle zuschnüren, das Herz beklemmen. Auch im Griechischen findet sich dieser Bezug: „Agchein" bedeutet würgen oder drosseln.

Die Angst ist also ein emotionaler Zustand des Organismus: Der Körper ist es, der Angst hat. Die Angst stellt sich daher als biologisches Reaktionsmuster dar. Angst kann real, aber auch völlig irreal, ohne jede nachvollziehbare Grundlage auftreten, was jedoch für den von ihr Betroffenen nicht den geringsten Unterschied macht.

Begriffe wie Angst oder Furcht sind im allgemeinen Sprachgebrauch häufig bedeutungsgleich. Obwohl Angst und Furcht im Körper ähnliche Reaktionen hervorrufen, unterscheiden sich die beiden in ihrem Ursprung. Eine Differenzierung der beiden Begriffe ermöglicht eine klare Abgrenzung und somit auch Definition des Angstbegriffs.

Angst

Wie bereits zuvor erwähnt, handelt es sich beim Angstgefühl um eine Reaktion auf ein Ereignis, welches in der Realität nicht unbedingt stattfinden muss, sondern auch nur vom Betroffenen erwartet werden kann. Es entsteht somit im Inneren einer Person aufgrund ihrer Vorstellung, Einbildung oder Erwartungen. Es ist die Vorstellung von etwas, das Angst und Angstzustände auslöst.

Furcht

Die Furcht stellt wiederum eine klare Reaktion auf einen in der Realität wahrgenommenen Reiz dar. Wenn wir zum Beispiel einen freilaufenden Hund entdecken, der uns auch noch anknurrt, entwickeln wir mit ziemlich großer

Wahrscheinlichkeit ein Gefühl der Furcht. Furcht ist somit ein reales Betroffensein von einem bevorstehenden Übel, eine Reaktion auf eine tatsächliche äußere Bedrohung. Mit ihr ist ein Fluchtreflex verbunden.

Laufen wir abends durch eine Straße und stellen uns vor, dass jeden Moment ein Hund aus einer Seitengasse springen könnte, hat diese Vorstellung noch nichts mit der Realität zu tun. In diesem Fall wird von Angst gesprochen, denn wir erwarten, dass es zum Eintreten einer Gefahr kommt. Durch dieses „Warten" sind wir wachsamer und unser Körper kann die Anspannung meist länger aufrechterhalten als im Zuge eines Furchtgefühls. Die Furcht tritt plötzlich und unerwartet auf, wir haben sie wahrscheinlich gar nicht kommen sehen bzw. erwartet. Daher lassen ihre körperlichen Reaktionen meist auch schneller nach, in der Regel dann, wenn der Furcht auslösende Reiz wieder verschwindet.

Die Funktionen der Angst

Angst ist nicht nur ein Grund-, sondern auch ein Urgefühl. Jeder Mensch hat Angst. Dies muss so sein, denn ohne Angst kann der Mensch nicht leben und nicht leisten. Jahrtausende lang waren wir Jäger und Sammler, Hirten, Ackerbauern und schließlich Arbeiter. Früher war die Angst aufgrund ihrer Signalfunktion zum Überleben in einer gefährlichen Umwelt notwendig. Sie diente als hilfreicher Affekt, der vor Gefahren warnt, unsere Aufmerksamkeit schärft, zu Reaktionen antreibt, ungeahnte Kräfte in Notsituationen mobilisiert und so schützt. Derart hat sich Angst als Überlebensstrategie ins kulturelle Gedächtnis eingebrannt.

Es kann zwischen **biologischer** und **erlernter Angst** unterschieden werden. Bei der biologischen Angst handelt es sich um die eben beschriebene somatische Empfindung. Zu den erlernten Ängsten zählen wiederum jene, welche wir uns im Laufe unseres Lebens angeeignet haben.

In unserer heutigen gesellschaftlichen Situation überwiegen jedoch die Nachteile der üblicherweise erlebten Ausformungen von Angst, da von außen wirkende lebensbedrohende Einflüsse auf unseren Lebensbereich seltener geworden sind. Wir müssen nicht mehr erwarten, von einem Säbelzahntiger angefallen zu werden oder bei einem Angriff fliehen zu müssen. Heute ist es die erlernte Angst, welche in uns körperliche Reaktionen wie Herzrasen, Schwindel oder Übelkeit hervorruft.

Die erlernten Ängste haben in der Regel eine lange Entwicklungsgeschichte und entstehen kaum erst in jenem Moment, wenn wir auf einen äußeren Umstand oder die innere Vorstellung einer Gefahrenquelle reagieren. Häufig sind es unsere Erfahrungen und unsere Erlebnisse aus der Kindheit, welche in uns Ängste aufkommen lassen. Ängste resultieren entweder aus unerwarteten dramatischen Erlebnisses (z.B. führt ein Autounfall zu der Angst, danach wieder Auto zu fahren) oder auch daraus, dass wir über viele Jahre hinweg Gefühle, Wünsche oder Bedürfnisse unterdrücken oder nicht ausgelebt haben. Wie Ängste in unserem Körper entstehen, wird im folgenden Abschnitt genauer erläutert.

Angst als Motivation

Angst zu haben bedeutet keinesfalls etwas Negatives. Im Gegenteil, sie kann sich in gewissen Situationen sogar durchaus positiv auswirken. Neben der bereits angesprochenen Schutzfunktion, die von der biologischen Angst ausgehen kann, erfahren wir durch unsere Ängste auch unsere Grenzen. Angst zu haben verschafft Energie, Motivation, aktiviert uns und kann uns zu Höchstleistungen antreiben. So verspüren Schauspieler oder Sänger vor einem Auftritt ein gewisses Maß an Angst in Form von Nervosität, welche sie anspornt, ihr Bestes zu geben.

Meist gehen wir aus einer für uns Angst auslösenden Situation mit Glücksgefühlen und Stolz hervor, wenn wir ihr ins Auge gesehen und sie bezwungen haben. Angst kann uns also auch befreien und wachsen lassen. Haben wir zum Beispiel eine wichtige Prüfung geschafft, vor der wir zuvor Angst hatten, oder eine sportliche Leistung erreicht, die uns zuvor noch verunsichert hat, dann werden wir daraus erleichtert und selbstbewusster hervorgehen.

Manche von uns setzen sich sogar bewusst ihren biologischen Ängsten aus und suchen nach einem Angst-Kick, da sie das Kribbeln und die Erleichterung spüren wollen, welche beispielsweise Fallschirmspringen, Bungeejumping oder besonders spannende Thriller oder Horrorfilme bewirken.

Wie Angst in unserem Körper entsteht

Angst ist eine gelernte Verbindung von konkreten Reizen bei realen oder befürchteten Ereignissen und deren schädlichen Konsequenzen. Solche Verbindungen können auf verschiedene Weisen gelernt werden: durch eigene Erfahrung (Konditionierung), durch Beobachtung fremden Verhaltens oder durch Instruktion, zum Beispiel Warnhinweise. Menschen, welche angstkrank werden, sind – neben möglichen genetischen Veranlagungen – zu großen Teilen unbewusst seit ihrer Kindheit darauf hin erzogen worden und brauchen früher oder später nur den nötigen Auslöser, um zum Angstpatienten zu werden. So werden etwa 50% aller Angststörungen im Kindesalter angelegt, da die Eltern die eigenen Ängste, zum Beispiel vor dem Versagen im Beruf, auf die Kinder übertragen.

Eines unserer grundlegenden Lernprinzipien ist die **Konditionierung.** Durch individuelle Erfahrungen verknüpft eine Person einen spezifischen Reiz mit einer bestimmten Reaktion. Diese erlernte Abfolge führt der Organismus zuverlässig aus. Die ursprünglich neutralen Reize erhalten somit neue Bedeutungen. Mittels Konditionierung können unterschiedliche Ereignisse miteinander verknüpft werden, aber auch Ereignisse und Gefühle oder mehrere Gefühle.

Man unterscheidet die klassische von der operanten Konditionierung. Im Fall der klassischen Konditionierung verknüpft sich ein beliebiger Reiz durch räumliche und zeitliche Nähe mit einem reflexhaften, nicht selbstbestimmten Verhalten („Pawlowscher Reflex").

Bei der operanten Konditionierung wird ein gewähltes Reaktionsverhalten auf einen Reiz verstärkt, indem dieses Verhalten durch Erfolg belohnt wird (Lernen am Erfolg). Es wird andererseits unterdrückt, wenn eine Bestrafung eintritt.

Im Fall der **klassischen Konditionierung** verknüpft sich ein beliebiger Reiz durch räumliche und zeitliche Nähe mit einem reflexhaften, nicht selbstbestimmten Verhalten („Pawlowscher Reflex"). Bei der **operanten Konditionierung** wird ein gewähltes Reaktionsverhalten auf einen Reiz verstärkt, indem dieses Verhalten durch Erfolg belohnt wird (Lernen am Erfolg). Es wird andererseits unterdrückt, wenn eine Bestrafung eintritt.

Mit Hilfe unserer Sinnesorgane nehmen wir unsere Umwelt in Form von Empfindungen wahr. Wir schmecken, sehen, riechen, hören oder spüren und senden die aufgenommenen Informationen an unser Gehirn weiter. Dort werden diese mit Hilfe unserer bisher gemachten Erfahrungen (wie oben beschrieben: Konditionierung, Beobachtung oder Instruktion) übersetzt und bewertet. Ein Gefühl entsteht. So kann ein auftretendes Angst- oder Stressgefühl bedeuten, dass unser Gehirn einen Reiz wahrscheinlich als Bedrohung eingestuft hat. Es befürchtet eine seelische oder körperliche Belastung und möchte sich davor schützen: Der Körper wird auf eine Kampf- oder Fluchtreaktion vorbereitet. Dies geschieht unabhängig davon, ob die Gefahrenquelle in der Realität des Betroffenen wirklich vorhanden ist oder ob er diese in seinen Gedanken entstehen lässt. Die Reaktion ist in beiden Fällen jedoch meist dieselbe:

Unsere Muskeln spannen sich an, die Pupillen weiten sich, der Herzschlag steigt, unsere Blutgefäße beginnen sich zu verengen, es kommt zu einem erhöhten Stoffwechsel und die Denkprozesse im Gehirn werden eingestellt. Unsere ganze Aufmerksamkeit gilt nun der Gefahrenquelle. Dabei werden erhöhte Mengen verschiedener Hormone ausgeschüttet, unter anderem Adrenalin und Noradrenalin. Ihre Aufgabe ist es, die im Körper in Form von Fetten und Glykogen gespeicherte Energie verfügbar zu machen.

Dadurch können unsere Zellen Glukose besser aufnehmen und für die in der Stresssituation erhöhte Muskeltätigkeit steht ausreichend Energie zur Verfügung. Dies alles geschieht in kürzester Zeit und wir sind unmittelbar bereit, uns entweder der Gefahrenquelle zu stellen oder zu fliehen.

Im Gegensatz zu einer möglichen **Kampf-** oder **Fluchtreaktion** verfallen manche von uns jedoch auch in eine Art **Schockstarre** und können sich nicht oder kaum mehr bewegen. Kommt es zu dieser körperlichen Reaktion, dann hat unser parasympathisches Nervensystem überhandgenommen. Dieser Teil unseres vegetativen Nervensystems ist dafür zuständig, dass unser Körper nach Anstrengungen wieder in einen ausgeglichenen Ruhezustand zurückkehren kann und sich entspannt. Kommt es jedoch nicht zu einem Ruhezustand, sondern zu einer Art Schockzustand der Betroffenen, treten lähmende Effekte ein: Der Blutdruck verlangsamt sich, ein Kältegefühl oder verstärktes Schwitzen treten auf, Betroffene beginnen zu weinen und zu zittern, ihnen wird übel, der Herzschlag wird langsamer und es macht sich ein Gefühl der Benommenheit breit. Die Angst, ohnmächtig zu werden, droht.

Ob wir auf Gefahrenquellen mit Flucht, Angriff oder Erstarrung reagieren, ist von Mensch zu Mensch unterschiedlich. Auf die körperlichen Reaktionen von Angst wird im nächsten Kapitel noch genauer eingegangen.

Das bereits erwähnte parasympathische Nervensystem ist für die Rückkehr in einen Entspannungszustand zuständig. Nehmen Anspannung und Erregung im Körper ab, sinkt auch die Körpertemperatur wieder, Schweiß tritt hervor und ein Übelkeitsgefühl kann auftreten. Wirkt zunächst unser sympathisches Nervensystem und erhöht unsere Aktionsfähigkeit, kommt es anschließend zu einem Erschöpfungszustand: Wir fühlen uns müde, ausgelaugt und energielos.

> Sympathikus und Parasympathikus gehören neben dem enterischen Nervensystem (Nervensystem der Eingeweide) zum **vegetativen Nervensystem.**

Sie sind für die unwillkürlichen Regulationsvorgänge in unserem Körper verantwortlich, wie z.B. die Aufrechterhaltung des Herzschlags, die Atmung und den Stoffwechsel. Dabei dienen Sympathikus und Parasympathikus als Gegenspieler. Der Sympathikus wirkt hauptsächlich leistungssteigernd, der Parasympathikus hingegen eher erholungsfördernd.

Bei manchen Angstreaktionen kommt es dazu, dass das Angstgefühl anhält und sich der Erregungszustand im Körper nicht wieder abbauen kann. Auf dieses Phänomen wurde bereits bei der Erläuterung von Bioenergetik eingegangen (s. S. 15ff.): Der Körper kann durch die dauerhafte Anspannung nicht mehr in seinen entspannten Gleichgewichtszustand zurückkehren. Das führt wiederum dazu, dass Situationen, welche zuvor von unserem Gehirn nicht als Bedrohung wahrgenommen wurden, dennoch eine Angstreaktion nach sich ziehen.

In diesem Zusammenhang ist auch die **generalisierte Angststörung** zu nennen. Dabei handelt es sich laut ICD-10-Diagnostik um ein Angstgefühl, welches generalisiert und anhaltend auftritt. Es ist nicht an Bedingungen in der Umgebung gebunden, sondern kann in voneinander unabhängigen Momenten auftreten.

ICD – International Classification of Diseases ist ein von der Weltgesundheitsorganisation (WHO) herausgegebenes Manual aller anerkannten Krankheiten und Diagnosen, das in über 190 Staaten Anwendung findet. Durch den ICD-10-Diagnoseschlüssel ist es möglich, eine Diagnose nach internationaler Klassifikation vorzunehmen.

Langfristig kann solch eine dauerhafte Anspannung zu einem erhöhten Blutdruck, einer erhöhten Magensäurebildung oder Problemen bei der Verdauung führen. Aber auch Schlafstörungen, Konzentrationsstörungen, Kopfschmerzen, Depressionen, Infektanfälligkeit, sexuelle Funktionsstörungen und eine erhöhte Reizbarkeit können Folgen einer dauerhaft erhöhten Erregungslage sein.

Als erwiesen gilt: Jede Angst konditioniert sich selbst. Das heißt, der Körper lernt im Zuge der Erkrankung, auf bedrohlich empfundene Situationen oder Gegenstände mit noch größerer Angst zu reagieren.

Formen der Angst

Wie bereits erläutert, handelt es sich bei der Angst um ein komplexes psychisches Phänomen. Ihre Erscheinungsformen sind daher unterschiedlich und keineswegs immer klar erkennbar und abgrenzbar. Angst kann bewusst erlebt werden, aber auch unbewusst wirken, sie kann verständlich sein, aber auch als unverständliches Symptom auftreten.

Zur genaueren Unterscheidung und Abgrenzung zwischen Ängsten und ihren Erscheinungsformen dient die **ICD-10-Klassifikation** für Krankheiten. Die Diagnose darf unter anderem von Ärzten, Psychologen, Psychotherapeuten sowie Psychiatern gestellt werden.

Früher wurde häufig der Begriff „**Neurose**" verwendet. Dabei handelt es sich um eine veraltete Bezeichnung für eine seelische Störung ohne körperlich begründbaren Ursprung. Dieser wurde mittlerweile größtenteils durch die Abgrenzung und Definition von Angst- und/oder Zwangsstörungen ersetzt. So entspricht beispielsweise die Angstneurose nun der Angststörung und die Zwangsneurose der Zwangsstörung.

In unserer heutigen Gesellschaft existiert eine große Anzahl an realen Ängsten vor konkreten Auslösern wie Hunden, Blut, Bienen oder Höhen. Zusätzlich gibt es irreale Ängste vor Problemen oder Situationen, die noch gar nicht eingetreten sind oder gar nicht eintreten werden. Zu den irrea-

len Ängsten zählen beispielsweise die Phobien. Darüber hinaus definiert die ICD-10-Klassifikation auch verschiedene Formen der Angststörung.

Phobien

Nach ICD-10 handelt es sich bei einer Phobie bzw. einer phobischen Störung um ein entstehendes Angstgefühl, welches zwar aufgrund einer realen Situation eintritt, jedoch ist diese eigentlich in der Regel ungefährlich (z.B. das Fahren mit einem Aufzug). In der Vorstellung der Betroffenen wird diese Situation zur potenziellen Gefahrenquelle. Für eine nicht an einer Phobie erkrankte Person handelt es sich bei der Fahrt mit einem Aufzug wahrscheinlich um eine alltägliche Gegebenheit. Für Betroffene kann solch eine Fahrt jedoch mit einem starken Angstgefühl in Verbindung stehen, da sie befürchten, dass es währenddessen zum Stillstand oder gar Absturz des Aufzuges sowie zu einem Sauerstoffverlust kommt. Bei einer Phobie erfolgt somit eine Vermischung zwischen Furcht und Angst, denn es benötigt eine reale Situation bzw. einen realen Reiz, welcher in der Vorstellung von Betroffenen als Gefahrenquelle gedeutet wird. Häufig treten phobische Störungen gemeinsam mit Depressionen auf. Ein Beispiel für eine phobische Störung ist jene der Agoraphobie, aber auch soziale Phobien und die spezifisch isolierten Phobien gehören in diese Kategorie.

Agoraphobie

Bei der Agoraphobie handelt es um eine Gruppe von definierten Phobien, welche es Betroffenen erschweren bis unmöglich erscheinen lassen, ihre Wohnung oder ihr Haus zu verlassen, großen Menschenmassen zu begegnen, sich in menschenleeren Orten aufzuhalten oder in einem Flugzeug oder Zug zu reisen. Da solche Situationen von Erkrankten gezielt vermieden werden können, erleben sie in der Regel auch nur wenig Angst.

Soziale Phobie

Bei sozialen Phobien handelt es sich um die Angst vor dem Urteil, der Kritik oder der Bewertung anderer gegenüber der eigenen Person. Daher werden soziale Kontakte und zwischenmenschliche Situationen vermieden. Soziale

Phobien gehen meist mit einem sehr geringen Selbstwertgefühl einher. Körperliche Reaktionen können verstärktes Erröten, Zittern, vermehrter Drang, auf die Toilette zu gehen, oder Übelkeit sein. Panikattacken können ebenfalls auftreten.

Beispiele für soziale Phobien: Anthropophobie (Angst vor Menschen), soziale Neurose

Spezifisch isolierte Phobien

Von spezifisch isolierten Phobien wird gesprochen, wenn Betroffene mit Angst auf spezifisch umschriebene Reize und Situationen reagieren, wie beispielsweise Dunkelheit, Höhe, Donner, geschlossene Räume, medizinisches Personal oder der Anblick von Körperflüssigkeiten wie Blut. Auch bei den spezifisch isolierten Phobien können die Angstzustände mit Panikzuständen einhergehen.

Beispiele für spezifisch isolierte Phobien: Klaustrophobie (Raumangst), Platzangst oder Tierphobie

Angststörungen

Von einer **Angststörung** spricht man, wenn die Angst in unangemessener Intensität auftritt, besonders langanhaltend ist bzw. der Betroffene aufgrund der Angst die Kontrolle über die Situation verliert. Entwickelt sich dabei eine Angst vor der Angst, kann es zu einem ausgeprägten Vermeidungsverhalten kommen. Angststörungen führen zu einer großen Bandbreite an möglichen körperlichen Symptomen.

Bei Angststörungen stellt die Manifestation der Angst das Hauptsymptom dar. Dieses tritt, im Gegensatz zu Phobien, vollkommen unabhängig von der Umgebungssituation auf. In manchen Fällen kann es auch zu depressiven Episoden und dem Auftreten von Zwangssymptomen kommen. Beispiele für Angststörungen stellen Panikstörungen (wie sie auch teilweise im Zusammenhang mit Phobien auftreten können), die generalisierte Angststörung oder eine Kombination aus Angst und depressiver Störung dar.

Panikstörungen (Panikattacke, Panikzustand)

Wenn reale oder irreale Ängste körperliche Symptome wie Übelkeit, Herzklopfen, Schweißausbrüche, Verspannungen, Müdigkeit bis hin zu Burnout und Depressionen auslösen und diese Ängste mit ihren Begleiterscheinungen plötzlich und ohne ersichtlichen Grund auftreten, sprechen wir von Panikattacken. Für Betroffene stellen diese meist auf den ersten Blick ein psychosomatisches Erleben dar, weil zunächst nicht das Angstgefühl, sondern die körperliche Symptomatik, also das Herzrasen, der Schweißausbruch oder das Gefühl der herannahenden Ohnmacht, im Vordergrund steht. Häufig sind diese Symptome mit einer gesteigerten Atemtätigkeit (Hyperventilation) verbunden und oft auch mit dem Gefühl einer herannahenden Herzattacke. Dies führt nicht selten dazu, dass aufgrund des Verdachts auf einen Herzinfarkt sogar der Notarzt gerufen wird, da die Situation, in welcher sich der von der Panikattacke Betroffene befindet, von Anwesenden als körperlich überaus gefährlich und bedrohlich wahrgenommen wird.

Die Neigung zu Panikattacken entwickelt sich in der Regel zwischen dem 20. und dem 40. Lebensjahr. Den Betroffenen wird meist sehr spät, wenn überhaupt je bewusst, dass sie therapiebedürftig sind. Fast allen ist gemeinsam, dass es ihnen schwerfällt, über ihr Leiden zu sprechen. Der therapeutische Zugang zu diesen Klienten ist daher oft schwierig und erfordert viel Feingefühl und Erfahrung.

Generalisierte Angststörung

Hierbei handelt es sich, wie der Name schon sagt, um ein generalisiertes, anhaltendes Angstgefühl. Wie auch bei der Panikstörung ist dieses nicht an die Umgebung oder die Situation gebunden, sondern kann jederzeit unerwartet auftreten. Betroffene werden nervös, schwitzen, die Muskeln spannen sich an und ein Gefühl der Benommenheit kann sich breitmachen. Bei der generalisierten Angststörung klagen Betroffene häufig über die Angst, dass sie oder eine ihnen nahestehende Person bald erkranken oder einen Unfall haben werden.

Körperliche und emotionale Reaktionen

Auf körperlicher Ebene zeigt sich die Angst durch verschiedene Reaktions-möglichkeiten. Sie sollen bei einer realen oder vermeintlichen Gefahr die körperliche oder seelische Unversehrtheit, im Extremfall das Überleben sichern und Betroffene auf eine Kampf- oder Fluchtsituation vorbereiten. Folgende körperliche Reaktionen können durch Angst hervorgerufen werden:

- erhöhte Aufmerksamkeit, Pupillen weiten sich, Seh- und Hör-nerven werden empfindlicher
- erhöhte Muskelanspannung, erhöhte Reaktionsgeschwindigkeit
- erhöhte Herzfrequenz, erhöhter Blutdruck
- flachere und schnellere Atmung
- Energiebereitstellung in Muskeln
- körperliche Reaktionen wie zum Beispiel Schwitzen, Zittern und Schwindelgefühl
- Blasen-, Darm- und Magentätigkeit werden während des Zustands der Angst gehemmt
- Übelkeit und Atemnot treten in manchen Fällen ebenfalls auf
- Absonderung von Molekülen im Schweiß, die andere Menschen Angst riechen lassen und bei diesen eine unterbewusste Alarm-bereitschaft auslösen

Wie bereits erwähnt, unterscheiden sich die körperlichen Ausdrucksformen der Angst nicht, egal ob es sich um eine reale Bedrohung, eine Panikatta-cke oder das bloße Erwarten einer Gefahrenquelle handelt. Viele von Angst-störungen Betroffene klagen auch über chronische körperliche Schmerzen und Beschwerden.

Neben den körperlichen Reaktionen reagieren wir auf ein Angstgefühl je-doch auch anhand unserer angeborenen Gefühlsstruktur. Dabei ist aus-schlaggebend, wie und was wir im Umgang mit Risiken gelernt haben. So ergibt sich eine Vielfalt an möglichen Verhaltensmustern. Diese sind nicht immer stabil, sondern können entsprechend der jeweiligen Angst auslösenden Situation variieren. Der deutsche Psychologe und Pädagoge Siegbert A. Warwitz unterscheidet acht typische Einstellungstendenzen, die sich zwischen Fluchtreflex, Angriffshaltung, Überhöhung und Verharmlosung bewegen.

- ◆ **Vermeidungsverhalten:** Wir versuchen, Angst induzierenden Ereignissen, Räumen oder Personen möglichst auszuweichen.
- ◆ **Bagatellisierungsverhalten:** Wir sind bestrebt, die als peinlich erlebten Angstgefühle vor uns und anderen herunterzuspielen.
- ◆ **Verdrängungsverhalten:** Wir versuchen, Angstgefühle, die die Lösung der gestellten Aufgabe behindern, zu unterdrücken oder wegzuschieben.
- ◆ **Leugnungsverhalten:** Wir blenden Anzeichen von Angst aus dem Bewusstsein aus oder verstecken die als Schwäche empfundenen Angstgefühle vor anderen.
- ◆ **Übertreibungsverhalten:** Wir wiederholen und überziehen Sicherheitsvorkehrungen zur Beruhigung der angespannten Gefühlslage.
- ◆ **Generalisierungsverhalten:** Wir folgen dem Denkschema von Ängsten als „normaler" Erscheinung, um uns aus einer erlebten Sonderstellung zu befreien („Jeder hat doch Angst ...").
- ◆ **Bewältigungsverhalten:** Wir bemühen uns um ein realitätsgerechtes Maß an Angst und um ein „funktionierendes Angstgewissen".
- ◆ **Heroisierungsverhalten:** Wir nehmen die emotionale Befindlichkeit der Angst an, suchen sie sogar und empfinden dabei ein gewisses Heldentum (s. Warwitz, 2001).

Prof. Dr. phil. Siegbert A. Warwitz (*1937 in Münster), deutscher Germanist, Sportwissenschaftler, Psychologe und Pädagoge.
Seine Forschungsschwerpunkte liegen in den Bereichen der Experimentellen Sportpsychologie und einer von ihm entwickelten „Verkehrserziehung vom Kinde aus", wobei ihn besonders Wahrnehmungsfragen, das Phänomen Spielen und die Wagnis-Risiko-Problematik interessieren.

Besonders hervorgehoben werden muss der Zusammenhang zwischen der Angst und der Aggression als möglicher Reaktionsform.

Angst und Aggression verwenden in unserem Gehirn ähnliche Strukturen. Beide benötigen einen Reiz bzw. einen Auslöser, entweder real oder irreal, um entstehen zu können.

Aggression stellt ein biologisch fundiertes Verhaltensmuster bei vielen Lebewesen dar, sowohl bei Tieren als auch bei uns Menschen. Es dient der Verteidigung und Gewinnung von Ressourcen und der Bewältigung potenziell gefährlicher Situationen. In diesem Fall kommt erneut das Warnsignal Angst zum Einsatz, welches entweder zur Flucht anregt oder dazu, sich der Situation oder dem Problem zu stellen, und zwar in Verbindung mit Aggression.

Aggression entsteht auch, wenn wir unsere Ängste nicht ausleben können, zum Beispiel weil wir von außen vermittelt bekommen, dass Angst peinlich, unmännlich oder ungerechtfertigt ist. Auch soziale Zurückweisung und Kränkungen lassen Menschen mit Aggression reagieren.

Aggression ist jedoch in unserer Gesellschaft mittlerweile noch stärker tabuisiert als Angst. Wird sie allerdings lange Zeit unterdrückt, kann es passieren, dass der menschliche Körper aus einer Hilflosigkeit heraus in eine Art Lähmung verfällt, die ihn handlungsunfähig macht. Dieser Prozess stellt eine mögliche Ursache der Entwicklung einer **Depression** dar.

Dreieck „Angst – Aggression – Depression"

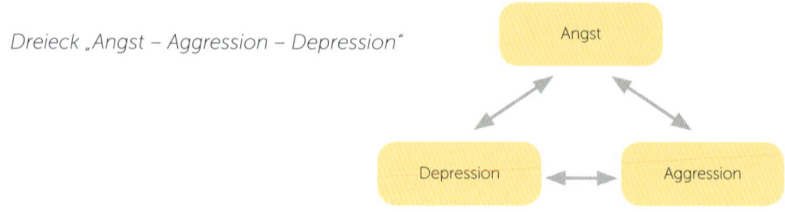

Um den Körper aus dieser entstandenen Lähmung und Handlungsunfähigkeit wieder zu befreien und die unterdrückte Angst dahinter sichtbar zu machen, bedarf es daher zunächst wieder eines Aggressionsgefühls. Hierfür ist es wichtig, die in unserem Kulturkreis festgefahrene negative Haltung gegenüber der Aggression aufzubrechen und ihre positiven Aspekte weiter in den Vordergrund zu rücken. Das Bild, Aggression sei mit Gewalt, Schlägen oder verbalen Abwertungen gleichzusetzen, muss durch ein neues Verständnis ersetzt werden. Denn Aggression bedeutet gleichermaßen Vitalität und Urkraft des Lebens.

ERFAHRUNGS-
BERICHTE

In diesem Kapitel werden anhand von Erfahrungsberichten von Betroffenen einzelne Formen der Angst genauer erläutert. Es ist wichtig festzuhalten, dass sich die Erzählenden parallel zu meiner Behandlung meist auch in Psychotherapie befanden und meine Arbeit als Ergänzung zur schulmedizinischen Behandlung erfolgt ist. Meine Aufgabe bestand darin, die Betroffenen dabei zu unterstützen, die Ängste, welche sich in ihrem Körper abgespeichert hatten, zu erkennen, sie loszulassen und dadurch wieder zu mehr Lebensfreude zu finden.

Bei den Texten handelt sich um freiwillig für dieses Buch verfasste Lebensgeschichten. Sie wurden jedoch von mir anonymisiert und adaptiert, um die Privatsphäre und den Datenschutz meiner Klienten zu wahren.

Erfahrungsbericht Rene

Ich habe Angst: Jetzt gerade habe ich Angst, dass ich das, was ich hier aufschreibe, nicht richtigmache, irgendetwas vergesse ... Wichtiges vergesse! Ich weiß nicht, wann ich zum ersten Mal richtig Angst in meinem Leben hatte, aber ich weiß auch nicht, ob ich jemals ganz angstfrei war oder jemals sein werde. Ich glaube, eine der ersten Ängste war, nicht von meinen Klassenkollegen angenommen und akzeptiert zu werden. Ich hatte immer panische Angst bei Referaten, im Mittelpunkt zu stehen und mich zu präsentieren, weil ich immer gedacht habe, dass es niemanden interessiert, was ich zu sagen habe. Als kleines Kind, kann ich mich erinnern, hatte ich einmal riesige Angst, dass mich meine Mutter verlässt und nicht mehr zurückkommt oder dass ihr irgendetwas passiert, denn sie schien oft sehr unglücklich zu sein. Ich hatte immer Angst, meinen Eltern zu erzählen, wie ich mich fühle, warum, kann ich nicht genau sagen.

Als es mir mit 16 sehr schlecht ging, hatte ich richtige irreale Ängste und Panikgefühle. Ich habe oft die Angst, nicht zu entsprechen oder etwas nicht zu schaffen, wie es sich andere Menschen vielleicht von mir erwarten. Ich habe oft die Angst, dass ich so sein muss, wie ich eigentlich gar nicht bin und gar nicht sein will.

Irgendwie ist meine Angst sehr mit dem Wort „müssen" verbunden. Wenn ich zu mir sage: „Ich muss überhaupt nichts", dann vergeht oft die Angst und der Druck! Ich habe immer wieder die Angst, nicht zu wissen, was ich will. Daher fällt es mir oft schwer, mich festzulegen. In Beziehungen habe ich oft Angst, Sachen für jemanden zu machen oder jemandem etwas Gutes zu tun, oder die Angst, mir nicht treu zu sein. Eine große Angst ist auch, etwas zu tun, was nicht wieder rückgängig gemacht werden kann. Ich habe darum oft Sachen gar nicht erst versucht.

In Beziehungen habe ich oft das Gefühl, dass ich alles „richtig machen muss" bzw. auf keinen Fall Fehler machen darf und niemanden verletzen darf. Das lähmt mich oft und macht mich irgendwie leblos. Wenn ich mir zugestehe, dass ich Fehler machen darf, ist alles viel einfacher. Jetzt fällt mir gerade ein, dass ich beim ersten Kuss, den ich bekam, ein-

fach weggegangen bin. Ich war vielleicht fünf Jahre alt. Wahrscheinlich auch aus Angst. Mit 15 hat mich meine Mutter beim Selbstbefriedigen erwischt, aber darüber geredet wurde nicht. Ich hätte gerne gehört, dass es O.K. ist und ich mich nicht schämen brauche.

Ich habe oft Angst, Nein zu sagen, da ich befürchte, nicht gut oder cool zu sein. Oft fällt es mir schwer, nach der Arbeit nach Hause zu kommen, weil ich dann irgendetwas tun muss.

Irgendwie hat meine Angst auch viel mit Liebe zu tun. Wenn ich nicht liebe, fällt mir z.B. Sex viel leichter. Ich habe weniger Probleme zu sagen, was ich will und was ich nicht will, und fühle mich einfach stärker und selbstsicherer. Liebesbeziehungen sind für mich oft wie ein Käfig, wo ich mich eingesperrt fühle und das Gefühl habe, nicht frei zu sein – das macht mir auch Angst. Wenn ich dann mehr auf mich schaue, bekomme ich oft ein schlechtes Gewissen.

Mit ungefähr 13 wurde ich auf der Straße geschlagen und konnte es am Anfang nicht zu Hause erzählen. Ich kann nicht wirklich erklären, warum.

Einmal Vater zu werden, macht mir eine Scheißangst! Angst vor der Verantwortung, aber auch einfach Angst, dass ich nicht tun und lassen kann, was ich will. Und die größte Angst ist dabei, dass ich nicht weiß, ob ich es wirklich will oder vielleicht nur zulasse aus Angst, jemanden zu verlieren. Wenn ich spüre, dass ich etwas wirklich will, habe ich keine Angst. Wenn ich das Gefühl habe, ich muss, habe ich Angst: Angst, etwas von mir herzugeben, aus Angst, ausgenutzt zu werden; Angst, zu mir zu stehen und zu zeigen und zu sagen, wer ich bin, was ich will, oder gar nicht zu wissen, wer ich wirklich bin, und mich nicht zu spüren. Ich habe auch oft Angst davor, etwas zuzugeben oder nicht wertvoll zu sein!

Analyse

Renes Eltern trennten sich, als er ungefähr fünf Jahre alt war. Er schreibt über seine Mutter, dass diese auf ihn oft sehr unglücklich wirkte und er Angst hatte, dass sie ihn verlässt oder ihr etwas passiert. Aufgrund ihrer Überforderung und der Bedürftigkeit nach der Trennung übernahm Rene bereits als

Kind die Verantwortung und die Aufgaben seines Vaters. Er lernte dadurch, dass er den Wünschen und Anforderungen der Mutter entsprechen muss und er nur geliebt wird, wenn er so ist, wie sie ihn haben möchte, um nach außen hin einen perfekten Sohn zu präsentieren.

> *„Als kleines Kind, kann ich mich erinnern, hatte ich einmal riesige Angst, dass mich meine Mutter verlässt und nicht mehr zurückkommt oder dass ihr irgendetwas passiert, denn sie schien oft sehr unglücklich zu sein. Ich hatte immer Angst, meinen Eltern zu erzählen, wie ich mich fühle, warum, kann ich nicht genau sagen."*

Nach Trennungen von den Eltern geschieht es häufig, dass in Kindern das Gefühl entsteht, die trauernden Elternteile glücklich machen zu müssen. So ging es auch Rene, der bemüht war, alle Verantwortung zu übernehmen und alles für die Mutter zu tun, damit diese nicht unglücklich ist. In unserer Arbeit erzählte er mir immer wieder von dem körperlichen und seelischen Druck, welchen er verspürte, wenn seine Mutter ihm sagte, dass er ihr ganzes Glück sei, sie glücklich mache oder sie nur glücklich sei, wenn es ihm gut ginge. Durch solche Botschaften wird Kindern vermittelt, dass sie alleinig für das Glück der Erwachsenen die Verantwortung tragen. Da jedoch jeder Mensch für sein Glück selbst verantwortlich ist und ihm dies von niemandem, schon gar nicht von einem Kind, abgenommen werden kann, lernen diese Kinder, dass, egal wie sehr sie sich auch anstrengen, wie viel Verantwortung sie auch übernehmen, es nie genug sein wird. Der Glaubenssatz „Ich bin nicht genug" entsteht, welcher eine enorme Macht über den menschlichen Selbstwert besitzt.

So kam es dazu, dass für Rene und seine Bedürfnisse kein Platz mehr in der Beziehung zwischen Mutter und Sohn war. Er wurde liebkost, wenn sie es wollte, und musste bei ihr schlafen, wenn sie sich einsam und traurig fühlte. Dadurch wurde Rene nicht nur die Verantwortung des Vaters übertragen, sondern er erhielt auch die Aufgaben und den Platz, die diese Rolle mit sich brachten, unabhängig davon, ob er dies wollte oder nicht. In ihm entstand die große Angst davor, etwas tun zu müssen, nicht selbst entscheiden zu können oder fremdbestimmt zu werden.

Dies zeigt sich auch bei seiner Angst davor, ein Referat vor den anderen zu halten:

> „Ich hatte immer panische Angst bei Referaten, im Mittelpunkt zu stehen und mich zu präsentieren, weil ich immer gedacht habe, dass es niemanden interessiert, was ich zu sagen habe."

Ein Referat zu halten, stellt ebenfalls eine Form des Müssens dar, denn kaum eine Schülerin bzw. ein Schüler kann es sich aussuchen. Sein Eindruck, dass sich niemand für das, was er sagt, interessieren würde, zeigt, wie tiefgreifend er bereits im Schulalter gelernt hatte, dass für ihn und seine Bedürfnisse kein Platz sei. Parallel wuchs auch die Angst, die Mutter zu enttäuschen oder sie unglücklich zu machen, wenn er nicht der ersehnte Vorzeigesohn war.

Diese Angst, jemand anderen zu enttäuschen und dadurch zu verletzen, spiegelt sich aktuell in der Beziehung mit seiner Partnerin wider.

> „In Beziehungen habe ich oft das Gefühl, dass ich alles „richtig machen muss" bzw. auf keinen Fall Fehler machen darf und niemanden verletzen darf. Das lähmt mich oft und macht mich irgendwie leblos."

Dieses lähmende Gefühl zeigt, wie tief seine Angst im Körper verwurzelt ist. Sie hat die Macht, ihn erstarren zu lassen und ihn von seinen Emotionen so abzutrennen, dass er sich leblos fühlt. Als Reaktion und Schutz entzieht sich Rene mehr und mehr der Verantwortungen und Pflichten, welche eine Liebesbeziehung seiner Erfahrung und seiner Vorstellung nach mit sich bringt:

> „Einmal Vater zu werden, macht mir eine Scheißangst! Angst vor der Verantwortung, aber auch einfach Angst, dass ich nicht tun und lassen kann, was ich will. Und die größte Angst ist dabei, dass ich nicht weiß, ob ich es wirklich will oder vielleicht nur zulasse aus Angst, jemanden zu verlieren."

Die Vorstellung, einmal Vater zu werden, löst in Rene eine riesige Angst aus. Neben der Angst davor, erneut etwas tun zu MÜSSEN, ohne zu wissen, ob er es selbst will oder nicht, hat er auch Angst vor der Verantwortung. Dabei handelt es sich um eine alte Angst, weil sie ihn an die Verantwortung erinnert, welche er für die Mutter übernehmen musste. Diese Angst hat ihm vermittelt, dass er selbst und das, was er tut, nicht gut genug sind. Somit entzieht er sich lieber der Verantwortung aus Angst, einen geliebten Menschen zu enttäuschen und dadurch zu verletzen.

> *„Wenn ich nicht liebe, fällt mir z.B. Sex viel leichter. Ich habe weniger Probleme zu sagen, was ich will und was ich nicht will, und fühle mich einfach stärker und selbstsicherer. Liebesbeziehungen sind für mich oft wie ein Käfig, wo ich mich eingesperrt fühle und das Gefühl habe, nicht frei zu sein – das macht mir auch Angst. Wenn ich dann mehr auf mich schaue, bekomme ich oft ein schlechtes Gewissen."*

Auch Körperlichkeit fällt Rene leichter, wenn er keine Liebesgefühle für die Partnerin empfindet, keinen Verantwortungsdruck spürt und seine Freiheit und seinen Willen nicht eingeschränkt sieht. Sein Körper kann sich besser entspannen, das Gefühl, eingesperrt zu sein, schwindet und er kann sich einfacher dem Sex hingeben.

Rene schreibt darüber, dass er als Kind immer Angst davor hatte, mit seinen Eltern über seine Bedürfnisse, Sorgen oder Erlebnisse zu sprechen. Es hätte seiner Wahrnehmung nach dazu geführt, dass diese noch mehr leiden, und er wollte sie nicht noch zusätzlich belasten. Da es ihm dadurch an Möglichkeiten fehlte, seinen Gefühlen Raum zu geben und sich mitzuteilen, begann er, sie stattdessen zu unterdrücken, wegzuschalten und im Körper abzuspeichern. Erst als er sich als Erwachsener selbst zugestand, dass er einen Fehler machen darf, wurde es für ihn einfacher. Er erlaubte sich damit, nicht der perfekte Sohn sein zu müssen, wie ihn seine Mutter erwartete.

Für Renes Weg aus der Angst war die Arbeit an seinem Selbstwert essenziell. Aufgrund seines Glaubenssatzes, nicht genug zu sein, konnte er diesen kaum entwickeln. Stattdessen lebte er mit der Angst, nicht wertvoll zu sein oder nicht geliebt zu werden.

„... Angst, zu mir zu stehen und zu zeigen und zu sagen, wer ich bin, was ich will, oder gar nicht zu wissen, wer ich wirklich bin, und mich nicht zu spüren."

Für Rene war es besonders wichtig, zwischen den alten Ängsten und Empfindungen, welche aus der Beziehung mit seiner Mutter entstanden sind, und jenen aus der Beziehung mit seiner aktuellen Partnerin zu unterscheiden. Außerdem musste er lernen, dass er nicht perfekt sein muss und dass jeder Mensch für seine Gefühle selbst verantwortlich ist. Die Emotionen, welche er im Laufe seines Lebens mit einer Art Panzer unterdrückt hatte, konnten langsam gelöst werden, indem er den Mut entwickelte, diese zu spüren und ihnen Raum zu geben. Dies stellte einen besonderen Erfolg für ihn dar, da er ja mit dem Glaubenssatz aufgewachsen ist, dass seine Bedürfnisse keinen Platz haben.

Erfahrungsbericht Julia

Ich bin sieben Jahre alt und habe Angst. Ich lebe in einem Klosterinternat, meine Angst beginnt nachts im Schlafsaal. Es ist ein großer Raum, in dem Bett an Bett hintereinander steht, in Reih' und Glied. Jedes Kind hat einen kleinen Schrank für seine Wäsche.

Der Raum hat riesige Fenster ohne Vorhänge oder Rollos, aus denen man in den Garten sieht. Im Garten stehen riesige Bäume, die nachts, wenn es dunkel ist, große, für mich bedrohliche Schatten auf die beleuchteten Wege werfen. Ich bin alleine, am Ende des Schlafsaales liegt eine Kloster-schwester. Und vor der Tür gibt es einen kleinen Raum für die Kloster-schwestern, die Nachtdienst haben. Die Schwestern überwachen, dass man nachts nicht auf die Toilette geht und sich ruhig verhält. In den Nächten im Klosterinternat habe ich viel geweint und ich kann mich an keine Nacht erin-nern, in der ich nicht Angst hatte. Ich kann mich auch nicht erinnern, jemals eine Freundin gefunden zu haben, obwohl ich einige Jahre dort verbracht habe. Jeder war für sich alleine und einsam. Das erste Jahr war ich gemein-sam mit meiner Schwester dort, dennoch durfte ich kaum mit ihr reden oder spielen. Aber ich habe die ganze Zeit versucht, sie zu beschützen. Ihr Spruch war immer: „Ich hol' meine große Schwester, dann wirst' schon se-hen." Was mir allerdings Strafnächte im Lern- und Musikzimmer einbrachte. Dort wurde man eingesperrt, wenn man nicht artig gewesen war. Und das hatte wiederum zur Folge, dass ich noch mehr Angst bekam. Wenn ich dann wieder einmal „hysterisch" oder „unmöglich" war, bekam ich auf ein Stück Würfelzucker Tropfen und danach wurde ich ruhig. Was für Tropfen das waren, weiß ich nicht.

Man ging eigentlich den ganzen Tag mit den Händen hinter dem Rücken verschränkt bzw. musste auch so sitzen, wenn man nicht gerade lernte oder aß. Alles in diesem Internat machte mir Angst, niemand war zu einem freundlich. Einmal habe ich einer Klosterschwester die Kopfbede-ckung heruntergerissen, weil ich nicht geglaubt habe, dass sie ein Mensch ist. Das hat mir natürlich wieder Strafen eingebracht. Ich habe unzählige Ausbruchsversuche in meinem Kopf geplant, versucht, mich auf der Toi-

lette zu verstecken, und gehofft, sie würden mich beim letzten Rundgang vergessen und die Flucht würde gelingen. Aber leider nein.

Nach einem Jahr konnte meine Schwester dort nicht mehr betreut werden, da sie schweres Asthma hatte. Somit blieb ich alleine zurück mit einem Barbie-Koffer, der meine Familie war. Irgendwann wurde ich in den ersten Stock in ein Dreibettzimmer verlegt. Wir teilten uns das Zimmer zu zweit mit einer Erzieherin, die allerdings keine Klosterschwester war. Zu der kam nachts der Freund ins Zimmer und wir haben uns die Decken über den Kopf gezogen, damit wir das nicht hören und sehen mussten. In meiner Erinnerung war es in der Krankenstation am schönsten. Da gab es nur zwei Betten und Schwestern, die noch halbwegs freundlich waren. Allerdings durfte man nie lange in dieser Krankenstation bleiben.

Während ich hier schreibe, ist alles schwarz. Ich sehe Schatten an der Wand, die mir Angst machen. Ich bin alleine und verstehe nicht, wieso ich nie etwas gesagt habe. Ich habe die ganze Angst in mich hineingefressen. Es gibt auch keine Fotos aus dieser Zeit und ich kann mich an kein anderes Kind aus dem Internat erinnern. Nur daran, dass es immer ein Kampf war. Man durfte nichts behalten, nicht mal Dinge, die man von Zuhause mitbekommen hatte. Süßigkeiten wurden in einer Kammer gesammelt und obwohl sie genau wussten, wem was gehört, haben sie es absichtlich an andere verteilt, um uns beizubringen, wie man richtig teilt. Für mich war das besonders schlimm, dass man mir nicht mal ein Stück von Zuhause gelassen hat. Das waren Dinge, die meine Mutter oder meine Großeltern für mich ausgesucht hatten. Eigentlich war es dort nur grauslich und ich war ein Außenseiter. Ich wollte z.B. keine Kleider oder Röcke tragen, aber ich musste. Also musste ich über meine Hosen Röcke oder Kleiderschürzen anziehen, was mir dann auch schon wursch war. Es wurde einem dort jede Identität genommen, man wusste eigentlich gar nicht, wer man ist oder wohin man sich entwickelt.

Ich bekam schon immer körperliche Beschwerden, wenn ich Angst hatte, und auch dort im Klosterinternat war mir schlecht. Wenn man nachts zur Toilette musste, was gar nicht erlaubt war, wurde man gezwungen, barfuß vor dem Schlafsaal zu stehen, mit ausgestreckten Armen, auf denen die Bettdecke lag. Ich weiß gar nicht, wie ich dort überhaupt lernen konnte oder irgendwas in meinen Kopf bekommen habe.

Meistens wurde ich Samstagmittag abgeholt und Sonntagnachmittag wieder abgegeben. Oft haben mich meine Großeltern mit der Straßenbahn gebracht. Ich war nicht jedes Wochenende bei meiner Mutter, je nachdem wie sie gearbeitet hat. Meinen Vater habe ich so gut wie nie gesehen, einmal musste er mich abholen, weil ich eine ansteckende Kinderkrankheit hatte. Er hat mich zu meiner Urgroßmutter gebracht, nicht mehr.

Ich kann mich an so viele Dinge nicht mehr erinnern. Es fühlt sich wie eine Blockade in meinem Kopf an, frei nach dem Motto: „Na, es war ja eh nicht so schlimm." Aber das kann nicht stimmen! So lange ich denken kann, habe ich schon Angst. Wenn ich das Wochenende mal bei meiner Mutter zu Hause verbracht habe und ich alleine in meinem Zimmer war, hatte ich so viel Angst, weil ich glaubte, in einem Sarg zu liegen. Wie kann ein Kind so etwas denken? Ich hatte auch damals schon Panikattacken bis hin zur Ohnmacht. Nur wusste man es offenbar nicht. Ich glaube, ich war 13 oder 14 Jahre alt, als mir ein Arzt ein Neuroleptikum verschrieben hat, weil ich so ängstlich war.

Ich habe Angst davor zu sterben, seit ich ein Kind war. Immer, wenn ich krank bin oder glaube krank zu sein, lässt mich diese Angst nicht mehr los. Sie ist überall in meinem Kopf, ich stehe in der Früh mit dieser Angst auf und lege mich am Abend mit ihr schlafen. Meistens, wenn ich jemand anderen beschützen muss, habe ich keine Angst um mich, sondern um den anderen. Aber es bleibt immer ein Gefühl der Angst.

Meine Angst hat ihren Anfang immer im Bauch und breitet sich dann so schnell aus, dass Panik daraus entsteht. Als Kind konnte ich diese Angst nicht steuern und auch nicht erklären. Ich weiß nur, dass ich immer ins Freie wollte, raus aus einem geschlossenen Raum in die Weite, denn ich dachte, da kann mir nichts passieren.

Ich kann mich gar nicht mehr erinnern, ob ich an diesem einen Wochenende bei meiner Mutter oder bei meiner Oma war. Ich muss im Volksschulalter gewesen sein und verbrachte den Abend bei meiner Mutter. Sie wollte weggehen, ob zur Arbeit oder einfach so, weiß ich nicht mehr. Woran ich mich aber genau erinnere, ist meine panische Angst davor, dass sie weggeht. Als Kind habe ich immer geschrien. Ich habe mit meinem Schuh gegen einen Kasten geschlagen und immerzu geschrien, dass sie dableiben soll. Aber sie ließ mich dennoch allein und ich ging hinaus ins Treppenhaus, wo mich die Nachbarin dann weinend fand und mich zu sich nahm. Sie war sehr nett und meine Mutter holte mich dann ab, als sie heimkam.

Ich galt immer als schwierig, was auch immer das heißen mag. Ich war lebhaft, aufgeweckt, wissbegierig und kein bisschen ängstlich, bevor ich ins Internat kam. Mit sechs Jahren ging ich nach der Schule zu einer Klassenkameradin essen ins „Beisl" ihrer Eltern, es gab Schnitzel. Ich wäre aber nicht auf die Idee gekommen, dass mir etwas passieren könnte oder ich nicht heimfinde.

Ängstlich und schwierig wurde ich erst im Internat, weil ich die Regeln dort nicht befolgen wollte, was mir nur Probleme eingebracht hat. Strafe stehen, alleine sitzen, Isolation. Als ich zwölf Jahre alt war, hat man mich auf Anraten der Klosterschwestern einem psychologischen Gutachten unterzogen, weil mit mir etwas nicht stimme.

Ich kann mich noch genau an den Raum erinnern: eine Kabine aus Glas, in der einem Bilder gezeigt wurden. Ich sollte sagen, was ich darauf sehe, und dann seitenweise Fragebögen ausfüllen. Und ich habe einfach immer nur einen Satz geschrieben, 100 Mal: Ich will aus dem Internat. Damit konnten die nicht viel anfangen, außer meiner Mutter zu empfehlen, mich dort wegzunehmen.

Das hieß, ich bin schwierig, also musste ich woanders hin. Zur Tante, dort wird alles besser, dachte ich. Ein Jahr lebte ich nur wie ein Gast, nicht wie ein Familienmitglied und wieder war ich schwierig in der Schule und im Umgang. Also kam ich zu den Großeltern, dort bin ich dann auch ein Jahr geblieben, bis mein Großvater Dinge machte, die mir komisch vorkamen. Ich habe meiner Mutter davon erzählt und bin dann eines Tages nach der Schule zu ihr und habe gesagt, entweder sie behält mich jetzt oder ich gehe. So zog ich zu meiner Mutter, aber statt Sicherheit und Geborgenheit bekam ich Angst. Sie war schwer krank und es konnte keiner sagen, ob sie überleben wird. Also habe ich am Boden vor ihrer Schlafzimmertüre geschlafen, nur um zu hören, ob sie atmet. Immer bekam ich

Angstzustände. Manchmal waren sie nicht auszuhalten und ich wollte nur raus, irgendwohin, in die Weite, wo es still ist und mir irgendjemand Sicherheit gibt. Leider ist mir das nicht gelungen.

Ich hatte schon seit meiner frühesten Jugend immer Blasen- und auch Vaginalprobleme. Wenn ich jetzt so schreibe, fallen mir viele verschiedene Dinge ein. Zum Beispiel gab es im Internat jeden Tag zur Nachmittagsjause Butterbrot und Apfel und seit 24 Jahren gehe ich ins Büro und habe zwei Butterbrote und zwei Äpfel mit, jeden Tag seit 24 Jahren. Das war mir bis eben gar nicht bewusst.

Eigentlich habe ich auch jetzt immer noch das Gefühl, als zu schwierig und anstrengend zu gelten. Ich traue mich dann gar nicht, gewisse Dinge anzusprechen, denn man könnte mich ja wieder an jemand anderen abgeben. So werde ich mein Leben lang herumgereicht. Ich frage auch immer wieder bei meiner Familie, Freunden, meinem Partner und Ärzten nach, ob ich zu anstrengend bin. Als hätte ich immer Angst, dass sie mich nicht mehr wollen und ich nicht weiß wohin.

Jetzt kommt wieder das Gefühl, dass der Schmerz durch meinen Körper reist: zuerst diese Vaginalprobleme, die mich jetzt wieder seit ein paar Tagen plagen, und dann die Kopfschmerzen, die ich so schwer beschreiben kann. Es ist eine Form von stechendem Wundschmerz und Nervenschmerz, als ob mir der Kopf platzt, wie ein Kochtopf, der überläuft. So als ob der Körper nicht mehr weiß, wo er alles rauslassen soll. Und wieder stimmt etwas nicht mit mir, wieder bin ich vielleicht nur ein „Psycherl". Nur das nutzt mir alles nichts, wenn diese Angst mich auffrisst, mit mir aufsteht, mit mir schlafen geht und ich mich nur im Kreis drehe. Ich versuche zu erklären, aber gleichzeitig entschuldige ich mich immer wieder dafür, weil ich bin, wie ich bin. Und ja, ich weiß, viele Menschen haben ganz viele schlimme Dinge erlebt und kommen sehr gut damit zurecht und ich stelle mich so an. Aber ich gebe mir jeden einzelnen Tag Mühe, es besser zu machen. Doch manchmal lähmt mich diese Angst und im Moment schon wieder sehr lange. Manchmal möchte ich nach außen mutiger erscheinen, als ich wirklich bin, aber ich traue mich dann nicht zu sagen, dass es mir wieder irgendwo wehtut. Denn vielleicht liegt es ja an mir, dass es wieder so ist. Man weiß dann schon nicht mehr, was man mit mir tun soll – so nach dem Motto: Nutzt eh alles nichts bei ihr.

Warum ich mich manchmal verlassen fühle von meiner Mutter: Ich mache mir einen Untersuchungstermin aus, der wahrscheinlich für alle anderen völlig überflüssig ist, aber ich brauche ihn für mich, damit ich mit meiner Situation besser zurechtkomme. Ich bitte meine Mutter, mich zu begleiten, aber sie ruft an, um mir zu sagen, dass sie mit dem Auto am Tag der Untersuchung in die Werkstatt muss und vielleicht nicht mitkommen kann. Sie merkt zwar an meiner Stimme, dass mich das schon trifft, aber sie geht überhaupt nicht darauf ein, wie ich mich im Moment fühle. Ich finde sie unsensibel. Sie weiß, dass ich Angst habe, aber sie steigt da einfach drüber und gräbt ihre Blumen im Garten ein, ohne zu merken, wie es mir geht. Sie kommt einfach nicht auf die Idee zu sagen, dass sie auf jeden Fall mit zur Untersuchung kommt.

Es ist wieder dieses Gefühl des Verlassenseins, mein Kopf tut weh, der Magen rebelliert, mir ist schlecht und ich heule die ganze Zeit. Ich fühle mich einfach nur allein. Ich weiß, ich hätte auch jemand anderen bitten können mitzukommen, aber es ist nicht dasselbe. Warum muss ich immer alles sagen? Wieso kann ich nicht erwarten, dass meine Mutter nach 51 Jahren weiß, wie ich bin. Nun hat sie mich angerufen, für sie stand außer Frage, dass sie mich begleitet. Ich habe dann versucht zu erklären, dass ich mich während des Telefonats genauso wie als Kind verlassen gefühlt habe. Ich glaub, sie tut sich schwer damit, dass ich im Moment so empfindlich bin. Sie hat aber klar formuliert, dass sie einen Fehler gemacht hat, und gesagt, dass es ihr leidtut und es für sie selbstverständlich ist mitzukommen. Ich habe ihr gesagt, dass mir einfach das Gefühl von Mütterlichkeit abgegangen ist, eine Mutter, die sagt, ich bin da und wir machen das gemeinsam. Vielleicht haben wir ja heute einen kleinen Fortschritt gemacht.

Wenn sie mich als Kind behalten hätte, so wie eine Mutter das eigentlich macht, wäre ich heute vielleicht nicht so voller Angst. Vielleicht aber auch schon, weil ich einfach so bin. Aber eigentlich hätte ich nur jemanden gebraucht, der mich in den Arm nimmt.

Analyse

Julia befand sich in psychiatrischer Behandlung und kam parallel dazu in meine Praxis für energetische Körperarbeit. Sie erzählt in ihrer Geschichte über die Angst vor verschlossenen und engen Räumen und über das Bedürfnis, ins Freie bzw. „in Sicherheit" zu kommen:

> *„Ich weiß nur, dass ich immer ins Freie wollte, raus aus einem geschlossenen Raum in die Weite, denn ich dachte, da kann mir nichts passieren ... irgendwohin, in die Weite, wo es still ist und mir irgendjemand Sicherheit gibt."*

Dieser Wunsch nach Weite, Sicherheit und Entspannung war in der Körperarbeit mit ihr intensiv spürbar. Ihr Körper war stark hyperton (angespannt), die Atmung eingeschränkt und flach, ihr Kiefer verspannt (verbissen). Julia schien große Angst davor zu haben, ihre alten Ängste, welche sie im Laufe ihres Lebens angesammelt und verdrängt hatte, wieder zu spüren. Daher war es mir wichtig, ihren „Panzer" Schritt für Schritt zu lösen und ihren Körper langsam wieder in die Entspannung zu bringen, damit sie diesen und ihre Gefühle wieder spüren konnte.

Julias Angst vor engen Räumen kann unter anderem dadurch entstanden sein, dass sie als Kind im Klosterinternat eingesperrt wurde und nachts nicht auf die Toilette gehen durfte. Des Weiteren schreibt sie über Blasen- und Vaginalprobleme in ihrer Jugendzeit und danach. Diese wurden zwar immer wieder ärztlich behandelt, aus schulmedizinischer Sicht war jedoch keine Ursache erkennbar.

> *„Ich hatte schon seit meiner frühesten Jugend immer Blasen- und auch Vaginalprobleme."*

Die Blase wird in der traditionellen chinesischen Medizin als Organ zum Druckausgleich oder als Auffangbecken der Angst betrachtet. Der Druck entsteht allerdings nicht immer aufgrund einer zu vollen Blase, sondern er kann auch einen psychischen Ursprung haben und dann in die Blase verschoben werden. Vielleicht haben Sie schon einmal gehört, dass jemand

„nach unten weint". Psychischer Druck kann entstehen, wenn wir gelernt haben, unsere Gefühle und Ängste zu unterdrücken und ihnen die Berechtigung abzusprechen. Als Julia im Internat war, hatte sie keine Möglichkeit, ihren Ängsten und ihrer Trauer Raum zu geben, da sie alleine war und weitere Strafen drohten. Der Druck in ihr steigerte sich immer mehr, aber der Gang zur Toilette wurde ihr verwehrt. Dieser ständige Druck hat sich durch ihre Blasenprobleme bemerkbar gemacht, denn Druck fordert den Menschen dazu auf loszulassen, sowohl im physischen Sinne den Urin, als auch in psychischer Form den seelischen Schmerz.

Auch für die psychosomatische Deutung von Krankheitsbildern ist diese Auffassung der Blase als Druckausgleichsorgan wichtig. So leiden Menschen mit starken Lebensängsten auch oft unter Blasenproblemen. Sind Frauen davon betroffen, wird häufig vom Verlust des Urvertrauens in sich selbst und in die eigene Weiblichkeit gesprochen. Wie auch in der Geschichte von Julia können chronische Blasenprobleme Ausdruck einer schwierigen Beziehung zwischen Mutter und Tochter sein. Julias Mutter war aufgrund ihres eigenen Mangels nicht dazu im Stande, ihrer Tochter Sicherheit und Geborgenheit zu vermitteln. Denn wir können nur das weitergeben, was wir selbst gelernt und gespürt haben. So mussten sich sowohl Mutter als auch Tochter einen Rettungsanker in Form ihrer Krankheiten schaffen.

Wie bereits erläutert, führt ein Angstgefühl bei Betroffenen dazu, dass unter anderem das Immunsystem geschwächt wird und die Durchblutung sinkt. Letzteres trifft allerdings nicht auf die Skelettmuskulatur zu, da diese ja vermehrt angespannt wird. Die vaginalen Schleimhäute verlieren jedoch an Flüssigkeit und werden anfälliger für Viren, sodass die Gefahr von Vaginal- und Blasenerkrankungen steigt. Es entsteht ein Teufelskreis aus Angst, Anspannung und Schmerz. Hinzu kommt, dass Julia, als sie bei ihren Großeltern lebte, sexuelle Übergriffe durch ihren Großvater erlebte. Der Körper hat sich aufgrund dieser Erfahrungen einen Schutz vor Sexualität geschaffen.

Immer wenn eine Frau verspottet, erniedrigt, gedemütigt oder beleidigt wird, und sei es nur durch eine kleine Bemerkung am Rande, kann dies zu einer seelischen Verletzung ihres Selbstwerts führen, welche sich im Körper bis hin in die Zellen abspeichert. Frauen schöpfen ihre Kraft und ihren Selbstwert meist aus ihrem Beckenbereich. Dort befindet sich aus energetischer Sicht Stabilität, Urvertrauen und Sicherheit bzw. die Verwurzelung mit dem Leben.

Für Julia und ihren Weg aus der Angst war es daher wichtig, zu dieser Stabilität und Sicherheit zurückzufinden. Dies bedeutete für sie, sich ihren alten Ängsten zu stellen, Gefühle anzunehmen und zuzulassen. Ein wichtiger Schritt im Umgang mit Ängsten stellt deren Kommunikation dar. Dies muss im Erstansatz (mit Ausnahme von psychiatrischen Krankheitsbildern wie beispielsweise Psychosen oder bipolaren Störungen) nicht unbedingt in einem professionellen Setting z.B. in Form von Psychotherapie geschehen, sondern kann auch durch nahestehende Personen erfolgen. Indem Julia ihre Gefühle und Ängste verbalisierte, entfielen die Aufwendungen und Anstrengungen, die sie bisher benötigte, um Trugbilder und Verdrängung aufrechtzuerhalten. Die Angst vor der Angst wurde gebrochen und in das Hier und Jetzt integriert. Dadurch konnte Julia die Botschaften betrachten und analysieren, welche hinter den Trugbildern von Blasen- und Vaginalproblemen sowie hinter ihrer Angst vor geschlossenen Räumen standen. Sie entdeckte dabei Botschaften, welche sie seit ihrer Kindheit verdrängt hatte: ein Gefühl von Wertlosigkeit, keine Existenzberechtigung zu besitzen bzw. die Sorge, eine Belastung für ihre Umwelt und ihre Familie zu sein. Durch die Erkenntnis, dass es sich bei ihren körperlichen Beschwerden um alte, unterdrückte Ängste handelte, konnte Julia die Verantwortung für ihr Leben als erwachsene Frau langsam und schrittweise zurückgewinnen.

Erfahrungsbericht Susanne

Laut meiner Eltern galt ich als absolutes Wunschkind. Anscheinend war es für sie gar nicht so leicht, mich zu bekommen. Mein Vater musste sich – zumindest habe ich es so in Erinnerung – sogar einer OP unterziehen. An meine ersten drei oder vier Lebensjahre kann ich mich nicht so recht erinnern, nur aufgrund von Fotos.

Ich weiß, dass ich von Beginn an ein totales „Papa-Mädi" war – also sehr auf meinen Papa fixiert, auf Kuscheln und Drücken mit ihm. Das gab es vor allem beim Schlafengehen und hatte einen eigenen Namen: „unsere Kuschlerei". Wenn ich schon im Bett lag, hat er sich einfach am Rand dazugesetzt und dann haben wir geplaudert, Spaß gemacht und ganz viel gekuschelt – das habe ich immer sehr genossen, denn habe ich ihn dann auch nur für mich gehabt, wenn er von der Arbeit nach Hause gekommen ist. Bei meiner Mum musste immer alles sehr, sehr schnell gehen. Da war wenig Zeit und so habe ich es umso mehr geliebt, wenn mein Papa meinem Bruder Alex und mir am Wochenende die Haare gewaschen hat, denn da gab es keine Eile – besonders beim Föhnen (und ich hatte lange Haare).

Immer, wenn meine Mutter von den Nachbarskindern, auf die sie manchmal aufpasste, erzählte, sagte sie „meine Kinder". Das hat mich sehr gestört, denn wir – Alex und ich – waren doch ihre Kinder. Viel Zeit haben wir bei meiner Oma und Tante Beate verbracht oder die beiden besuchten uns. Bei meiner Oma habe ich es geliebt, da gab es keinen Zeitdruck und ich konnte einfach so sein, wie ich war – sie war einfach immer da und mit einer solchen Ruhe. Noch immer, wenn ich an sie zurückdenke, wird mir ganz warm im Bauch und ich muss schmunzeln.

Ich werde nie vergessen, wie ich einmal nach der Schule die Treppe zu ihr hinaufging und Alex mir entgegenkam und meinte: „Oma ist tot!" Ich bin die Stiegen so schnell hinaufgerannt und meine Mum beruhigte mich, es wäre nur ein Herzinfarkt – Alex hätte sich falsch ausgedrückt. Ich hatte so riesengroße Angst um sie, um meine heißgeliebte Oma, die alles für mich bedeutete. Meine zweite Lieblingstante, Tante Tina, war mir ebenfalls immer sehr wichtig, denn auch bei ihr fand ich Ruhe und Geborgenheit.

Bei ihr konnte ich auch immer ganz „Kind sein", denn niemand „wollte" etwas von mir (weder meine Oma noch meine Tante). Im Gegenteil, die kümmerten sich eher um mich, als dass ich etwas tun musste. Die haben mir einfach gegeben, ohne dass ich mich anstrengen oder etwas tun musste. Da war ich einfach Susanne und hab auch noch Liebe dafür bekommen.

Meine Mum habe ich generell als sehr „gehetzt" (das ist auch ein Ausdruck, den sie immer dafür benutzt hat) erlebt. Nach dem Kindergarten bzw. der Volksschule mussten wir auch immer schnell heim. Ich habe dann geschaut, ihr nicht noch mehr Stress zu machen, denn sie hatte immer so viel zu tun.

Trotz alledem war es nicht leicht, da ich ab ca. fünf Jahren ziemlich unter Einschlafproblemen litt und, sobald es Richtung Bett ging, meine „Zombies" kamen, die nur in meiner Vorstellung existierten: groß, mächtig, kalt und gruselig. Sie haben mich fast erdrückt und befanden sich überall in meinem Zimmer, das dabei immer mehr schrumpfte. Besonders schlimm erschienen mir diese Vorstellungen, wenn ich krank war. Sie machten mir unendliche Angst und auch das Krankwerden bzw. wenn es dunkel wurde. Ich stellte mir immer vor, wie einfach es Alex und andere Kinder hatten, die ohne diese Gedanken schlafen gehen konnten. Notgedrungen lenkte ich mich oft stundenlang (zumindest fühlte es sich so an) im Bett mit meinen Kuscheltieren ab, damit ich nicht an diese blöden Zombies denken musste. Da habe ich mich, glaub ich, auch das erste Mal als „anders als die anderen" empfunden, weil ich ja niemanden kannte, dem es so ging wie mir. Auch habe ich die Verzweiflung meiner Eltern gespürt, die mich viel herumtrugen, Zeichnungen mit den Zombies drauf ins Klo spülten und dergleichen und mir doch nicht helfen konnten. Ganz schlimm war es, als ich wegen einer Mandel-OP im Krankenhaus lag. Meine Mum schlief bei mir im Zimmer. An eine Sequenz erinnere ich mich noch genau: Sie wollte nur zum Auto gehen, um etwas zu holen, und ich habe geglaubt, dass sie nie wieder zurückkommen würde. Ich wollte sie nicht gehen lassen und weinte ohne Ende. Ich hatte panische Angst, dass sie mich zurücklassen würde.

Mit 12 Jahren fuhr ich im Sommer mit einem Reiterclub für eine Woche nach Frankreich. Das erste Mal alleine im Ausland – was für eine Herausforderung für mich, aber es machte mir großen Spaß. Einige Wochen später musste ich allerdings (wegen meiner schlechten Noten in Spanisch) für zwei Wochen einen Sprachkurs in Madrid absolvieren. Es war so schlimm für mich, ich hatte solches Heimweh und fühlte mich so allein! Die vielen Briefe, die mir meine Mum schrieb, las ich immer nur auf der Toilette, weil ich so weinen musste. Es ging mir gar nicht gut dort – ich wollte nur nach Hause, aber ich war wie immer stark und hielt das aus. Danach sagte ich meinen Eltern allerdings, dass ich so etwas nicht noch einmal machen wollte.

Viele Wochenenden und jeweils den Sommer verbrachten wir in Klagenfurt. Einmal dort angekommen, habe ich es geliebt. Anstrengend und sehr stressig gestalteten sich allerdings immer die Abfahrten. Mein Vater kam prinzipiell zu spät, sagte zwar immer, er würde pünktlich sein, so war es jedoch selten. Und wir, Alex, Mum und ich, warteten und warteten. Ich habe es nie so recht verstanden, warum mein Papa zu spät kam und was denn in der Arbeit so wichtig war, dass er uns so warten ließ. Meine Mum wurde immer zorniger und irgendwann traurig, sodass sie mit den Tränen rang. Ich fühlte mich immer sehr unwohl, denn ich wusste schon, was kommen würde. Mein Vater verstand selten, warum sich meine Mum so aufregte, wenn er dann endlich da war. Oft gab es Streit, meine Mum heulte und redete irgendwann gar nicht mehr. Die Stimmung im Auto war dann immer furchtbar und das machte mich sehr traurig. Aber ich sah, wie wenig mein Vater die Situation verstand bzw. damit umgehen konnte, und daher tat ich dann trotzdem so, als wäre ich gut drauf, und erzählte viel. Das machte ich im Übrigen oft, wenn schlechte Stimmung in der Familie war, dann habe ich immer losgeplaudert und versucht, alle wieder aufzuheitern, sodass alle wieder miteinander redeten. Denn Alex redete sowieso nie viel und wenn meine Mum beleidigt war, redete sie auch nicht mehr. Ich verspürte oft so eine Wut auf meine Mama, wenn sie beleidigt war. Da war ja nur noch ich da, um meinen Vater zu unterhalten und die Stimmung ein wenig zu retten. Damals habe ich beschlossen, wenn ich traurig bin, meine

Gefühle gegenüber einem Mann nicht rauszulassen, wie meine Mum dies tat, denn das brachte offensichtlich nichts und sie hat mir immer so furchtbar leidgetan.

Schule, Unterstufe in Melk – einfach ein Horror! Schlaflose Nächte, Druck ohne Ende. Ich habe damals gar nicht mehr an mich geglaubt, weil ich so grottenschlecht war. Die Professoren waren knallhart und ließen dich, selbst wenn du etwas nicht wusstest und du ihnen das sagtest, ewig mit der Kreide in der Hand an der Tafel stehen – einfach aus Spaß! Ich habe mich unendlich gefürchtet, oft, wenn ich die Schule betrat. Wenn ich von so einem für mich absolut stressigen Schultag heimkam, habe ich meist gelesen (ich liebte das!). Einmal – ich lag gerade auf dem Sofa in meinem Zimmer – kam meine Mum von den Nachbarskindern nach Hause, sah in mein Zimmer herein, entdeckte mich auf dem Sofa und meinte: „Den Lenz möchte ich haben!" Ich bin in der Sekunde aufgesprungen und habe angefangen, etwas zu erledigen, denn ich hatte das Gefühl, ich sollte das.

Manchmal fühle ich mich einfach unendlich traurig, besonders dann, wenn ich keine (besondere) Aufmerksamkeit von Jakob bekomme – so wie zu Beginn unserer Beziehung oder als wir noch nicht zusammen wohnten. Warum ist das so? Meine Eltern waren zwar da, aber nicht wirklich anwesend. Ich habe es schnell an ihren Augen gesehen, wenn sie etwas anderes im Kopf hatten. Und davon gab es viel, weil sie beide sehr viel arbeiteten – Wohnung renovieren, Haus bauen etc. Vor allem bei meinem Papa musste ich mich immer sehr anstrengen, dass er mich wirklich richtig angeschaut hat und nicht durch mich hindurch, sondern mit einem vollen, warmen und aufmerksamen Blick, der dann auch nur mir galt. Ich fühlte mich oft wie gar nicht wirklich da. Wenn ich dann durch tolle Geschichten oder starke Emotionen (wütende oder traurige) auf mich aufmerksam machte, kam der ratlose Blick und ich spürte richtig, wie mein Papa innerlich zumachte. Dieser Blick war fast noch schmerzhafter (vor allem im Bauch), weil ich erkannte, dass er mich überhaupt nicht verstand. Wieder fühlte ich mich nicht angenommen, nicht wirklich erwünscht. Vor allem wenn ich meine „negativen" Gefühle rausließ, war ich in der Familie immer allein damit, ein bisschen wie das schwarze Schaf – einfach nicht dazu-gehörig. Denn in unserer Familie gibt es nichts Negatives, keine Probleme, und schlechte Gefühle sowieso gar nicht, da ist man immer gut drauf. Ein-mal zuzugeben, dass man traurig schwach oder verletzt ist – dafür gab es keinen Platz und wenn doch, dann war es mit Schweigen verbunden, wie beispielsweise das Beleidigtsein meiner Mutter.

So war ich das „Mimosenmädchen", das „Mäusekätzchen mit den Krallen" – ich hatte einige Namen. Manchmal zeigte ich das richtig stark, weil ich Gefühle und Reaktionen von meiner Familie spüren wollte und nicht einfach nur nichts. Ich wollte ihnen beweisen, dass nicht immer alles Sonnenschein sein kann.

Als mein Vater ankündigte, uns zu verlassen, um beruflich ins Ausland zu ziehen, brach eine Welt für mich zusammen, da mein Papa immer ein Heiliger für mich war, zu dem ich aufschaute. Ich erinnere mich an eine Szene im Bad, wo ich ihn bat zu bleiben. Ich schwor, alles daran zu setzen und für meinen Papa zu tun, damit er nur ja bei uns bleiben würde und sich wohlfühlte. Wenn ich jetzt daran denke, habe ich mich als Kind oft „erwachsener" gefühlt bzw. fühlen müssen, als ich es war. Wenn meine Mama verletzt war, habe ich oft instinktiv die Starke gegeben. Denn eine, der es nicht gut geht, reichte schon.

Ich fühle mich auch oft nicht gut, wenn Jakobs Mutter ihn nervt oder er sie als anstrengend empfindet. Da habe ich automatisch das Gefühl, mich in der Sekunde als „super-duper" Frau geben zu müssen, denn zwei anstrengende Frauen ist eine zu viel. Und das tut weh und ist kraftraubend. Leider habe ich auch oft das Gefühl, überhaupt anstrengend und kom-pliziert zu sein, also zu sehr, und deshalb auch zu verlieren, weil es nicht einfach ist für jemanden (zumindest glaube ich das), an meiner Seite zu sein, vor allem wenn es mir nicht gut geht. Da kann ich mich nur schwer akzeptieren und das aushalten, da fühle ich mich ganz klein und unsicher und absolut nicht liebenswert, geschweige denn attraktiv oder wertig. Ich spür dann nicht, wie weit ich das ausdrücken oder leben kann, wie weit ich überhaupt etwas fordern und verlangen darf. Meistens schalte ich in so einer Situation meine Gefühle ab oder versuche, das zu kompensieren und so zu tun, als ob es mir ja doch gut geht.

Wenn ich dadurch in diese Gefühllosigkeit gehe, ist das ganz schlimm für mich, weil ich mich dabei auch von mir „trenne" – ich spüre dann rundum nicht mehr viel und es wird alles trostlos und ich fühle mich wieder einmal ganz alleingelassen. Oft kommt dann noch eine Panik dazu und am liebsten würde ich einfach nur bei meinen Freundinnen sein. Meine Freunde sind mir schon immer das Allerwichtigste, neben der Familie, darum, glaub ich, habe ich auch so viele gute Freundinnen. Vor allem Anna – sie war die erste Freundin, die mich einfach so nahm und so nimmt, wie ich bin, und mich dafür liebt. Vor allem seit ich weiß, das Jakobs Mutter offenbar in der Vergangenheit viel von ihm verlangte. Und oft grübele ich dann: „Oh Gott, hoffentlich denkt er nicht, ich bin wie seine Mutter." Denn ich bemerke auch häufig, dass er sich umso mehr von mir zurückzieht, je mehr ich von ihm brauche, und das schmerzt unendlich.

Auch habe ich Angst, wenn Jakob und ich uns längere Zeit nicht körperlich – vor allem durch Sex – nahe sind. Ich brauche sehr viel Nähe, denn dann spüre ich seine ehrliche Liebe zu mir. Körperlich kann mich keiner täuschen, da weiß ich genau, wann jemand bei mir ist und wann nicht. Hatten wir das länger nicht und jetzt ist es gerade so (das ist wieder ein anderer Grund, glaube ich), fühle ich mich einfach nicht so wertig, akzeptiert, angenommen und vor allem „gewollt" – einfach so, wie ich bin. Denn wenn wir miteinander zärtlich sind, habe ich nicht das Gefühl, etwas tun zu müssen, um seine Aufmerksamkeit zu gewinnen. Dann fühle ich mich sicher und angenommen – das stärkt mich. Wenn ich nur „bin", kommt bei mir schnell das Gefühl auf, nicht genug zu sein für ihn, nicht mehr interessant zu sein.

Manchmal fühle ich mich in meiner Überforderung, weil ich ja sehr vielfältig beschäftigt bin, wohler, denn da spüre ich zumindest etwas: Da spüre ich mich und es ist legitim, dass ich überhaupt da bin. Dieses Tun und Kämpfen ist natürlich sehr anstrengend und überhaupt nicht lebensgenießend. Aber bevor ich nichts tue und dann auch nichts bzw. eine Leere fühle, mache ich lieber viel, um überhaupt etwas zu spüren, denn so eine Leere kann auch Angst machen.

Analyse

Susanne schreibt in ihrer Geschichte immer wieder von der Überforderung der Mutter und dem Stress und Druck, welchen sie ihr machte. Sie hatte daher das Gefühl, nicht noch eine zusätzliche Last für die Mutter sein zu dürfen.

> *„Meine Mum habe ich generell als sehr „gehetzt" (das ist auch ein Ausdruck, den sie immer dafür benutzt hat) erlebt. Nach dem Kindergarten bzw. der Volksschule mussten wir auch immer schnell heim. Ich habe dann geschaut, ihr nicht noch mehr Stress zu machen, denn sie hatte immer so viel zu tun."*

Hinzu kam, dass die Beziehung der Eltern bereits angespannt war und Susanne daher noch weniger Aufmerksamkeit für sich und ihre Bedürfnisse einforderte. Die Überlastung der Mutter führte dazu, dass Susanne versuchte, dem Vater eine Ersatzfrau zu sein, die Verantwortung für die Beziehung zu übernehmen und ihre Eltern zusammenzuhalten.

> *„Die Stimmung im Auto war dann immer furchtbar und das machte mich sehr traurig. Aber ich sah, wie wenig mein Vater die Situation verstand bzw. damit umgehen konnte, und daher tat ich dann trotzdem so, als wäre ich gut drauf, und erzählte viel. Das machte ich im Übrigen oft, … sodass alle wieder miteinander redeten."*

> *„Ich schwor, alles daran zu setzen und für meinen Papa zu tun, damit er nur ja bei uns bleiben würde und sich wohlfühlte. Wenn ich jetzt daran denke, habe ich mich als Kind oft „erwachsener" gefühlt bzw. fühlen müssen, als ich es war. Wenn meine Mama verletzt war, habe ich oft instinktiv die Starke gegeben. Denn eine, der es nicht gut geht, reichte schon."*

Sobald ein Kind wie Susanne in der Familie die Aufgabe bzw. die Verantwortung übernimmt, diese zusammenzuhalten, endet mit dem selbigen

Tag dessen Kindheit. Ab diesem Zeitpunkt ist es ständig wachsam und angespannt. Es überprüft ununterbrochen die Stimmungslage der Eltern und wartet auf den nächsten Moment, in dem es nötig ist, die streitenden Eltern wieder zu versöhnen, ein offenes Ohr für einen Elternteil zu haben oder Trost zu spenden, wenn Mama oder Papa traurig sind. Für die eigenen Bedürfnisse bleibt dann kein Platz mehr. Dies lernen Kinder, wie auch Susanne in ihrer Geschichte, sehr schnell:

> *„Damals habe ich beschlossen, wenn ich traurig bin, meine Gefühle gegenüber einem Mann nicht rauszulassen, wie meine Mum dies tat, denn das brachte offensichtlich nichts und sie hat mir immer so furchtbar leidgetan."*

Kinder sind jedoch niemals in der Lage, ihre überforderten Elternteile glücklich zu machen. Sie erfahren dadurch, dass das, was sie tun, niemals genug ist. Folglich entwickeln sie ein Gefühl des Versagens. Sie können keinen gesunden Selbstwert entwickeln, denn dafür benötigt ein Kind das Gefühl, dass es so angenommen, geliebt und genug ist, wie es ist, unabhängig davon, was es leistet oder tut. Dies konnte ihr zumindest von ihrer Großmutter und ihren Tanten vermittelt werden, über welche sie erzählt, dass sie bei ihnen so sein durfte und geliebt wurde, wie sie war. Die Großmutter schien diesbezüglich ihr wichtigster Anker zu sein, daher kam auch ihre panische Angst, als ihr Bruder meinte, dass diese tot sei.

In ihrer heutigen Beziehung zu Jakob zeigt sich dieser fehlende Selbstwert ganz deutlich: Sie benötigt immer wieder die (körperliche) Bestätigung durch ihn, um dadurch das Gefühl vermittelt zu bekommen, dass sie liebens- und begehrenswert ist. Durch die Berührungen und die Aufmerksamkeit, welche sie bei Sex und Kuscheln von ihrem Partner bekommt, hat sie das Gefühl, diesen glücklich machen zu können und dadurch eine Existenzberechtigung zu erhalten. Dies hat sie in der Beziehung zu ihrem Vater gelernt: Erst wenn sie ihn glücklich gemacht hat, durfte sie sein. Auch in der Kuschelzeit mit dem Vater zeigt sich, dass Julia ihre Wertigkeit aus der körperlichen Nähe schöpft. Entzieht ihr nun ihr Partner die erwartete Aufmerksamkeit, befürchtet sie, nicht geliebt zu werden.

„Ich weiß, dass ich von Beginn an ein totales „Papa-Mädi" war – also sehr auf meinen Papa fixiert, auf Kuscheln und Drücken mit ihm. Das gab es vor allem beim Schlafengehen und hatte einen eigenen Namen: „unsere Kuschlerei". Wenn ich schon im Bett lag, hat er sich einfach am Rand dazugesetzt und dann haben wir geplaudert, Spaß gemacht und ganz viel gekuschelt – das habe ich immer sehr genossen, denn habe ich ihn dann auch nur für mich gehabt, wenn er von der Arbeit nach Hause gekommen ist."

Die gemeinsamen Kuschelabende mit dem Vater waren die Momente, in welchen Susanne diesen nur für sich hatte und sich daher geliebt und so angenommen fühlte, wie sie war. Denn wenn sie ihm ihre „negativen" Gefühle zeigte, stieß sie auf Ablehnung und Zurückweisung:

„Wenn ich dann durch tolle Geschichten oder starke Emotionen (wütende oder traurige) auf mich aufmerksam machte, kam der ratlose Blick und ich spürte richtig, wie mein Papa innerlich zumachte. Dieser Blick war fast noch schmerzhafter (vor allem im Bauch), weil ich erkannte, dass er mich überhaupt nicht verstand. Wieder fühlte ich mich nicht angenommen, nicht wirklich erwünscht."

Für Susanne bedeutet körperliche Nähe somit, dass sie seelisch und körperlich berührt und geliebt wird. Deshalb entsteht in der Beziehung mit Jakob auch Unsicherheit und Verlustangst, wenn sie länger keinen Sex hatten. Das Kuscheln mit dem Vater gab ihr Vertrauen und die Sicherheit, ihn bei sich zu behalten. Dementsprechend ist ihr die Körperlichkeit auch in der Beziehung zu Jakob besonders wichtig.

Susanne litt unter sehr ausgeprägten Ängsten, welche sie so stark unterdrückte und verdrängte, dass es zu deren Abspaltung führte:

„Wenn ich dadurch in diese Gefühllosigkeit gehe, ist das ganz schlimm für mich, weil ich mich dabei auch von mir „trenne" – ich spüre dann rundum nicht mehr viel und es wird alles trostlos und ich fühle mich wieder einmal ganz alleingelassen."

Aus bioenergetischer Sicht bedeutete diese Abspaltung der eigenen Gefühle einen Übergang in eine körperliche Starre, in welcher sie nichts mehr spüren konnte. Sie verbot sich somit selbst, ihr Inneres wahrzunehmen. Dies bedeutet jedoch auch, dass positive Gefühle wie Freude, Hoffnung oder Liebe keinen Platz mehr in ihrem Leben fanden, denn wo Angst ist, hat Liebe keinen Platz.

Für Susannes Weg aus der Angst war es zunächst wichtig, diese Abspaltung der eigenen Gefühlen zu bearbeiten. Sie musste lernen, wieder eine Verbindung zu ihren Gefühlen herzustellen, was bedeutete, dass sie diese spüren musste und nicht weiter verdrängen durfte. Ihr Glaubenssatz, dass sie nur geliebt wird und in Ordnung ist, wenn sie Herzlichkeiten oder Zuwendung erfährt, machte Susanne süchtig nach Gefühlen und Bestätigung durch ihren Partner, ihre Familie und ihre Freunde. Daraus schöpfte sie ihre Existenzberechtigung und es fiel ihr unglaublich schwer zu verstehen, dass sie diese auch besaß, wenn sie gerade keine Zuwendung erhielt. Darum lag eine Kernaufgabe der Bearbeitung ihrer Angst darin, dass Susanne lernte zu vertrauen, dass sie in jedem Moment liebenswert ist, vollkommen unabhängig von äußeren Einflüssen, und dass sie dafür nichts tun musste, außer sie selbst zu sein.

Wenn wir unseren Wert und unsere Liebenswürdigkeit an anderen Menschen festmachen, verlässt uns unser Selbstvertrauen in dem Moment, in dem uns diese Menschen verlassen. Schaffen wir es jedoch zu erkennen und darauf zu vertrauen, dass unser Selbstwert von innen kommt, dann können andere zwar eine Bereicherung für unser Leben darstellen, unser Glück und unsere Zufriedenheit werden jedoch nicht von ihrer Anwesenheit abhängen. Diese Erfahrung durfte auch Susanne machen.

Erfahrungsbericht Laura

Ich war sicher ein Wunschkind und bin in einer Wohnung im Wiener 18. Bezirk aufgewachsen. Meine Mutter ist wieder arbeiten gegangen, als ich ein Jahr alt war und ich hatte so etwas wie eine Tagesoma, bis meine Großmutter dann in Pension gegangen ist. In den Kindergarten kam ich erst mit vier Jahren. Meine Eltern haben damals schon ein Haus gebaut und unsere Wochenenden verbrachten wir auf der Baustelle, was sich in den nächsten 20 Jahren auch nicht ändern sollte.

Meine Mutter hat sich immer für meine Oma verantwortlich gefühlt, mein Großvater war nicht gerade der herzlichste Mensch und meine Oma eher schwach. Sie passte oft auf mich auf, auch dann in der Schulzeit, damit sie einen Grund hatte, von zu Hause wegzukommen. Dadurch hat sie viel in unserer Familie mitgeredet und mein Vater fühlte sich wohl nicht wirklich für mich zuständig – denke ich mal.

Aber ich war mir immer sicher, dass ich von meiner Familie geliebt werde, auch wenn es nicht jeder so zeigen konnte.

Ich dürfte in meiner Kindheit von den Ängsten meines Vaters beeinflusst worden sein, an eigene kann ich mich nicht erinnern, aber:

- *Es gab in unserer Wohnung so einen Hauptstromschalter, der rot geleuchtet hat, wenn er aktiv war. Ich konnte ihn von meinem Bett aus sehen. Mein Vater war immer ganz erpicht darauf, dass er ausgeschaltet wird, wenn wir die Wohnung verlassen – es könnte ja etwas passieren, genauso dass die Wohnungstüre am Abend immer abgeschlossen wird.*

- *In den Urlaub (meistens Städtereisen) sind wir immer mit einem umgebauten VW-Bus gefahren und haben dabei meistens auf Raststationen an der Autobahn übernachtet. Die größte Angst meines Vaters bestand darin, dass wir überfallen werden, und wir haben immer zwischen den LKWs gestanden, anstatt an einem netten Platz. Das hat mir sicher das Gefühl vermittelt, dass uns ständig jemand etwas antun will.*

- *Wahrscheinlich bin ich deshalb auch eher pessimistisch veranlagt – das habe ich wohl so vorgelebt bekommen.*

◆ *Unsere Urlaube waren eigentlich immer etwas von der Angst und Un-*
sicherheit meines Vaters überschattet, was die Stimmung getrübt hat.

Ich bin mit dem Bild aufgewachsen, dass jeder, der nicht ständig arbeitet,
sondern vielleicht auch einmal einen Ausflug macht oder im Garten liegt,
faul ist. Dass das nicht stimmt, habe ich erst festgestellt, als ich die Familie
meines Mannes kennenlernte. Aber wenn mich während des Studiums
meine Eltern in meiner Wohnung anriefen, habe ich immer behauptet, ich
würde lernen, und nie zugegeben, dass ich vielleicht schlafe oder fernsehe
oder so.

Was mich in meiner Kindheit sicher auch belastet hat, war die Ge-
heimhaltung der Krankheit meines Vaters. Er hatte irgendeine Krankheit im
Kopf, litt ständig unter Kopfschmerzen, musste Pulver nehmen und war
oft beim Neurologen. Mir wurde aber immer eingetrichtert, dass wir froh
sind, dass Papa arbeiten gehen kann, und es dürfe niemand etwas davon
wissen. Das hat auch für meine schlechten Schulnoten gegolten – nur nie-
mand erzählen, dass ich einen Fünfer habe, denn das passte ja nicht zum
Perfektionismus der Familie.

Mit sechs Jahren begann ich mit dem Eiskunstlaufen. Ich war nicht
ganz schlank und es hat mich immer belastet, dass die anderen Kinder
dünner waren als ich. Das hat sich bis zur Matura so hingezogen, als dann
auch die Bulimie begonnen hat. Während dieser Zeit hatte ich das Gefühl,
weniger wert zu sein als die anderen, zu dick zu sein, keinen Freund finden
zu können.

Meine Eltern pflegten keine oder fast keine Freundschaften, es wa-
ren nie Freunde bei uns zu Hause, zum Essen oder ganz einfach so. Mit
anderen Kinder spielte ich schon, wobei ich viel Zeit in der Eislaufhalle
verbracht habe. Später habe ich dann begonnen zu reiten und Geige zu
spielen.

Nach der Matura dachte meine Mutter, ich hätte jetzt Zeit und kann
so eine Art Freundinnen-Ersatz für sie sein. Davon wollte ich natürlich
nichts wissen und sie war ständig angefressen, wenn ich etwas mit ande-
ren unternommen habe, auch dass ich dann mit Rüdiger zusammenge-
kommen bin. Ich habe damals während des Studiums in Wien gewohnt.

Es wurde aber erwartet, dass ich jeden Freitag bis Sonntag nach Hause komme, und wenn ich dann am Sonntagabend nach Wien zurückgefahren bin, hat meine Mutter ein Gesicht gezogen – das war unglaublich – also wieder alles falsch gemacht. Dass ich in Wien wohnte, hat ihr ja auch nicht gepasst. Ich musste eigentlich immer alles erkämpfen – nichts war selbstverständlich und nie hat sich jemand für mich gefreut.

Das Haus meiner Eltern ist recht groß und sie haben immer erwartet, dass ich im ersten Stock einziehe. Das wollte ich aber nicht – also gab es wieder Auseinandersetzungen. Im Endeffekt haben wir auf dem Nachbargrundstück gebaut, wobei meine Eltern da auch kräftig mitgemischt haben. Sie waren furchtbar beleidigt, als wir einen Zaun zwischen den beiden Grundstücken aufstellten – wieder ein Fehler.

Na und so ist es Jahre lang weitergegangen, erst in letzter Zeit lassen sie etwas nach, sehen, dass Gesundheit wichtiger ist als so manch anderes.

Als meine Tochter Ilvy dann auf der Welt war, hat meine Mutter sie auch sehr beansprucht. Auf der einen Seite kam uns das sehr zugute – sie hat mit ihr viel unternommen, aber als ich sie mit 18 Monaten in den Kindergarten gegeben habe, hat meine Mutter einen Zirkus aufgeführt – das war sagenhaft. Also wieder falsch. Ich hatte schon Angst, sie auf der Straße zu treffen, denn dann musste ich mir wieder ihr vorwurfsvolles Gesicht anschauen.

Ja, was meine Beziehung mit Rüdiger betrifft, habe ich am Anfang sicher zu viel geklammert, wahrscheinlich weil ich es nicht anders gelernt hatte. Er ist beruflich immer erfolgreicher geworden und hat das natürlich genossen. Ich habe dann eher zu Hause gesessen und gewartet, dass er heimkommt, was oft sehr spät war, und dann gab es natürlich Krach.

Irgendwann ist unsere Beziehung nur noch so „dahingelaufen", vor allem als Ilvy auf der Welt war, wobei ich keine Glucke bin und auch Rüdiger oft das Flascherl gegeben hat. Ich war damals schon geschwächt von der Bulimie und hatte keine große Lust auf Sport oder sonstiges, Rüdiger allerdings schon. Na und dann die Geschichte mit seinen Affären. Ich kann ihm bis heute nicht vertrauen und hatte immer Angst, dass es wieder passieren kann – das ist jetzt ein bisschen besser.

Meine derzeitigen Ängste lassen sich wohl so beschreiben:

- ◆ *Wie geht es beruflich weiter?*
- ◆ *Werde ich meine Süchte los?*
- ◆ *Bekomme ich meine Familie zurück?*

Wieweit spielt Bianca, die uneheliche Tochter von Rüdiger, eine Rolle in unserem Leben? Sie wird immer selbstständiger, kann schon telefonieren, und somit ist mein Mann für sie immer leichter zugänglich.

Eine Angst oder ein Gefühl hatte ich allerdings schon immer oder es wurde mir so vermittelt: nicht gut genug zu sein, die Erwartungen der anderen nicht zu erfüllen. Ich musste mir immer alles erkämpfen und wollte, dass die Leute verstehen, warum ich etwas will oder mache.

Analyse

Lauras Großmutter besitzt in der Familie viel Mitspracherecht und hat häufig Einfluss genommen, der Vater zog sich daraufhin zurück und überließ der Mutter sowie der Großmutter das Feld.

> *„Dadurch hat sie viel in unserer Familie mitgeredet und mein Vater fühlte sich wohl nicht wirklich für mich zuständig – denke ich mal."*

Ihr emotional und teilweise auch körperlich abwesender Vater hat in ihr das Gefühl ausgelöst, dass er sich nicht für sie zuständig fühlt und sich von ihr zurückzieht. Kinder deuten solch ein Verhalten oft als Schuldzuweisung und glauben, von dem Elternteil nicht geliebt zu werden.

Dies führte in Lauras Fall dazu, dass sie den Glaubenssatz entwickelte, um Aufmerksamkeit und Liebe kämpfen zu müssen, denn natürlich wünschte sie sich als Kind einen liebenden Vater.

> *„Eine Angst oder ein Gefühl hatte ich allerdings schon immer oder es wurde mir so vermittelt: nicht gut genug zu sein, die Erwartungen der anderen nicht zu erfüllen. Ich musste mir immer alles erkämpfen ..."*

Der Glaube, um Liebe kämpfen zu müssen, spiegelt sich auch in ihrer Partnerwahl wider. Neben ihrem aktuellen Mann Rüdiger suchte sie sich auch in der Vergangenheit immer wieder Männer, die entweder emotional (aufgrund von Affären, Dreiecksbeziehungen oder als dauerhafte Singles) oder körperlich (aufgrund von Montagetätigkeit oder beruflichen Auslandsaufenthalten) einer echten Partnerschaft nicht wirklich zur Verfügung standen. Da sie in der Beziehung zu ihrem Vater jedoch gelernt hatte, dass sie um dessen Aufmerksamkeit und Zuneigung kämpfen und vieles aushalten muss, dachte sie, dass eine Liebesbeziehung nun ebenso aussehen würde. Dies führte sie in der Beziehung zu Rüdiger sogar soweit, dass sie bereit war, sein uneheliches Kind Bianca und auch seine Affären zu akzeptieren. Dass er oft für längere Zeit nicht da war, nahm sie ebenfalls hin.

Auch von ihrer Mutter erfuhr sie selten Zuneigung, obwohl sie sich diese sehr gewünscht hätte. Die meisten Aufgaben übertrug die Mutter der Großmutter. Dies bestärkte Laura in ihrem Glaubenssatz, um Liebe bzw. Aufmerksamkeit kämpfen und ihre Eltern glücklich machen zu müssen, damit sie Laura liebten. Hinzu kam, dass Laura aufgrund ihres Körpers bereits als Kind verunsichert war:

„Mit sechs Jahren begann ich mit dem Eiskunstlaufen. Ich war nicht ganz schlank und es hat mich immer belastet, dass die anderen Kinder dünner waren als ich. Das hat sich bis zur Matura so hingezogen, als dann auch die Bulimie begonnen hat. Während dieser Zeit hatte ich das Gefühl, weniger wert zu sein als die anderen, zu dick zu sein, keinen Freund finden zu können."

Dieses Zu-dick-Sein wurde ihr von Großmutter und Mutter auch immer wieder mitgeteilt. Die Mutter, welche nach Lauras Geburt mehrfach erfolglos versucht hatte abzunehmen, hielt es kaum aus, dass ihre Tochter nicht so schlank war, wie es ihren Vorstellungen entsprach. Laura wurde in ihrem Perfektionismus nur noch mehr bestätigt. Sie dachte, wenn sie schlank, klug und brav wäre, würde sie von ihren Eltern, im Speziellen von ihrem Vater, endlich geliebt werden. Selbst die negative Aufmerksamkeit der Mutter war dennoch immerhin eine Form der Zuwendung für Laura. Die Annahme, nicht liebenswert zu sein, wenn sie dick ist, legte den Grundstein für ihre Bulimie.

An Bulimie erkrankte Frauen haben oft selbst Mütter, die mit ihrer Figur und ihrem Aussehen unzufrieden sind. Verstärkt wird die Krankheit, wenn sie, so wie auch Laura, das Gefühl haben, vom Vater zu wenig Beachtung zu erhalten. Aufgrund der vielen vergeblichen Versuche abzunehmen projizierte die Mutter den Wunsch, schlank zu sein, bald auf ihre Tochter und erwartete auch von dieser einen perfekten Körper. Dies übte auf Laura zusätzlichen Druck aus. Hinzu kommt ein gesellschaftlich und medial verbreitetes Frauenbild, welches Unsicherheiten und Selbstzweifel unterstützt. Laura erfuhr somit nicht nur in ihrer Familie, sondern auch durch die Gesellschaft, dass ihr Körper, so wie er war, nicht in Ordnung ist. Bulimiker, unabhängig davon, ob sie männlich oder weiblich sind, versuchen diesen für sie oft nicht aushaltbaren emotionalen und seelischen Druck durch Essen zu verdrängen. Aufgrund der großen Menge an konsumierten Lebensmitteln kommt es anschließend zu einem noch größeren (realen) Druck in ihrem Magen, welcher ebenfalls nicht aushaltbar ist, und sie erleichtern sich, indem sie sich übergeben. Danach quälen sie oft massive Schulgefühle.

Laura war in therapeutischer Behandlung und kam gleichzeitig zu mir zur energetischen Körperarbeit. Neben ihrer Bulimie hatte sie über die Jahre auch eine Alkoholsucht entwickelt. Sucht bedeutet immer, nach etwas zu suchen. In Lauras Fall war es die Suche nach einer Existenzberechtigung, nach der ersehnten Vaterliebe und dem Freispruch der Mutter, so sein zu dürfen und angenommen zu werden, wie sie ist. Sie musste lernen, dass sie all diese Dinge aus sich selbst heraus erbringen kann, indem sie die Verantwortung für ihr eigenes Leben übernimmt. Zu diesem Schritt war sie jedoch noch nicht in der Lage. Die Situation verschlimmerte sich, ihre Bereitschaft, an ihren Ängsten zu arbeiten, wurde immer geringer. Als ich merkte, dass ihr Körper nicht mehr in der Lage dazu war, sich von mir energetisch behandeln zu lassen, beendeten Laura und ich unsere gemeinsame Arbeit.

Laura ist ein gutes Beispiel dafür, dass jede Arbeit am Selbstwert, an den eigenen Ängsten oder Glaubenssätzen immer in erster Linie die Bereitschaft des Betroffenen benötigt. Wir können Menschen nicht dazu zwingen, sich weiterzuentwickeln, Verantwortung zu übernehmen, zu lieben oder sich mit ihren Ängsten auseinanderzusetzen. Wir müssen akzeptieren, dass jede/

jeder von uns für sein Glück selbst zuständig ist. Diese Zuständigkeit kann uns nicht von einem Partner, Kindern, einem Beruf oder einer Kleidergröße abgenommen werden, wir können sie nur selbst und mit Hilfe der eigenen Ressourcen wahrnehmen.

Erfahrungsbericht Leo

Mein Hauptproblem ist die Angst vor dem Essen und die Angst, dass es jemand erfahren könnte. Das Problem liegt so weit zurück, es besteht, solange ich mich erinnern kann. Seit immer!

Ich will essen, aber ich kann nicht. Ich bin extrem dünn. Alle sagen, ich bin zu dünn, was für meine Mutter eine Katastrophe ist. Es macht mich ganz traurig, wenn man mir sagt, wie dünn ich bin, oder wenn man Witze darüber macht, dass ich nur aus Haut und Knochen bestehe. Es ist kaum aushaltbar für mich. Umso stolzer und glücklicher war ich, wenn ich mal „viel" essen konnte.

Ich bin ein kleines Kind. Meine Mutter holt uns vom Kindergarten ab und bringt mir jedes Mal eine Jause mit. Wir fahren auf ein offenes Gelände mit Bahnübergang. Das Anschauen der Züge soll mich zum Essen bringen. Ich mag nicht essen. Viele andere Kinder bleiben zum Essen im Kindergarten. Ich werde mittags immer abgeholt. Gott sei Dank! Woher damals meine Angst vor dem Essen kam, daran kann ich mich nicht mehr erinnern. Ich kann mich nur noch an die Erleichterung erinnern, dass ich nicht im Kindergarten essen musste.

Ich bin immer noch ein Kleinkind. Ich esse nicht. Meine Mutter hält es nicht aus. Sie wirft mich aus der Wohnung. Sie will mich nicht mehr sehen. Ich esse nicht und sie mag mich deshalb nicht. Ich verbringe den Tag auf der Kinderabteilung im Krankenhaus. Ich bin traurig, allein und einsam.

Es ist Weihnachten. Ich freue mich riesig auf das Christkind und die Geschenke. Das Christkind schreibt mir auf den Anhänger, dass ich „braver" mit dem Essen sein soll. Meine Freude verwandelt sich schnell in Trauer. Woher weiß das Christkind, dass ich nichts esse?

Es ist Essenszeit. Ich werde an den Tisch gerufen. Ich weiß, ich kann nicht essen, und ich weiß auch, dass das meine Mutter wütend machen wird. Mir ist schlecht, ich bin total nach innen gekehrt, könnte mich verstecken. Ich habe Angst, die Gabel zum Mund zu führen. Ich spüre, dass ich von meiner Mutter beobachtet werde, wie viel ich esse oder ob ich überhaupt esse. Ich kann nicht. Ich würde mich übergeben, wenn ich Es-

sen im Mund spüren würde. Das Essen ist vorbei. Meine Mutter ist schlecht gelaunt. Ich fühle mich furchtbar. Ich werde von meiner Mutter mit Liebesentzug bestraft. Ich ziehe mich zurück. Ich bin traurig, verzweifelt. Ich warte, bis meine Mutter wieder auf mich zukommt und mir verzeiht. Dann ist die Welt wieder in Ordnung. Meine Mutter versucht, mich dann geduldig zum Essen zu überreden. Es geht langsam bergauf.

Ich muss in die Schule. Gott sei Dank frühstücken wir nicht. Meine Mutter richtet mir ein Glas warme Milch her. Das muss ich trinken. Sie legt sich wieder ins Bett. Ich versuche, die Milch zu trinken. Wenn es mir schwerfällt, leere ich sie in die Spüle. Ich muss mir eine Schuljause machen. Weiß ich, dass ich nichts essen kann, wickle ich Küchenpapier in eine Alufolie. Das soll eine Semmel darstellen, falls sie mich kontrolliert.

Ein Restaurant in der Ortschaft wird eröffnet. Wir gehen alle dahin. Mir ist übel, ich will nichts essen. Ich stehe vom Tisch auf und gehe schnell aufs Klo. Dort übergebe ich mich. Ich bin traurig und verzweifelt. Ich warte, bis ich mit dem Weinen aufhöre, dann gehe ich wieder zurück an den Tisch. Ich rühre das Essen nicht an.

Meine Familie und ich werden zum Essen eingeladen. Ich will da nicht hin. Ich weiß, dass alle mich beobachten werden, ob ich was esse, und ich weiß jetzt schon, dass ich nichts essen kann. Ich bin kein „normales" Kind. Kinder essen zumindest gern Pommes. Ich esse nicht einmal die. Anfangs zähle ich die Tage, dann auch noch die Stunden bis zum Essen und auch bis ich wieder erlöst bin. Wir setzen uns an den Tisch und bestellen. Ich habe Atembeschwerden, mag nichts reden, bin sehr traurig. Ich will mich verstecken. Das Essen kommt. Ich will nicht, dass jemand sieht, dass ich nichts essen kann. Ich versuche die Gläser oder Blumengestecke so hinzustellen, dass die Sicht zu meinem Teller für andere eingeschränkt ist. Das Essen kommt. Hilfe! Ich kann nicht einmal das Besteck in die Hand nehmen. Ich fühle mich furchtbar, und erst recht, wenn ich auf das Nichtessen angesprochen werde. Ich will unsichtbar sein. Ich warte sehnsüchtigst, bis das Essen abgeräumt wird. Endlich! Ich bin erleichtert und der Druck in meinem Magen löst sich langsam. Ich kann mich unterhalten und sogar etwas Spaß haben. Erst wenn wir zu Hause sind, bekomme ich Hunger und kann essen. Der Stress ist vorbei.

Ich stehe früh morgens auf, mir ist schon übel, ich muss mich übergeben. Es ist nur Luft im Magen, nach ein paar Minuten ist es vorbei. Ich bin traurig und verzweifelt. Ich verstehe nicht, warum ich nicht normal bin. Mir geht es schlecht. Ich habe keine Kraft. Ich will wieder ins Bett. Ich habe einen wahnsinnigen Druck im Magen. Es tut mir gut, meine Hand auf meinen Bauch zu legen. Er ist leer, aber ich kann nichts essen. Mein Mund ist fest verschlossen. Wenn ich nur den Mund öffne, wird mir übel. Essensgeruch löst noch stärkere Übelkeit aus, meine Atmung ist schwer und schnell. Das Essen darf nicht in den Mund kommen, sonst besteht die Gefahr von Erbrechen. Äußerlich erscheine ich ruhig, aber innerlich fühle ich mich zerrissen, erschlagen und hilflos. Ich bin verzweifelt. In meiner Brust ist es unruhig. Es brodelt. Ich erzähle es niemandem. Ich traue mich nicht, es irgendjemandem zu erzählen. Ich schäme mich so sehr. Ich weiß, ich darf nicht so sein, wie ich bin. Aber ich kann nicht anders. Ich mag nicht mehr leben. Ich mag mein Leben nicht. Ich fange an, meine Verzweiflung aufzuschreiben. Ich schreibe auch nieder, dass ich nicht mehr leben will. Ich kann mich niemandem anvertrauen.

Ich habe Magenschmerzen. Ich gehe zu meiner Mutter und erzähle es ihr. Sie sagt gleich zu mir: „Fangen wir schon wieder damit an?" Ich verstehe nicht, dass ich nicht mal ernst genommen werde. Ich weine. Ich erscheine schwach. Ich kann nicht anders und das macht meine Mutter wieder sehr wütend.

Ich muss meiner Mutter aus den Augen gehen, wenn ich nichts esse. Manchmal lässt sie mich zu Hause und geht selbst aus dem Haus. Ich bleibe zurück. Ich weine. Ich kann nicht anders. Ich hasse mich. Oft bin ich starr und bleibe bewegungslos dort sitzen, wo meine Mutter mit mir geschimpft hat, bis sie zurückkommt und mich wieder befreit.

Ein anderes Mal lässt sie mich wieder zu Hause zurück. Ich will nicht daheim sein, wenn sie zurückkommt. Außerdem verdiene ich es nicht, im warmen Zuhause zu sein. Ich gehe in die Scheune neben unserem Haus. Dort sitze ich auf dem kalten Boden. Es ist schon spät, es wird dunkel. Aber ich kann nicht nach Hause, nicht solange meine Mutter mir noch böse ist. Ich muss warten, bis sie mir verzeiht, dann erst kann ich wieder heim, vorher nicht.

Wenn meine Mutter sich beruhigt hat, kommt sie mich holen. Dann ist die Welt wieder in Ordnung. Ich weine aus Erleichterung.

Ich fahre ins Ferienlager für eine Woche. Ich esse nichts. Mein Appetit verschwindet, wenn wir uns an den Tisch setzen. Ich schaue den anderen beim Essen zu. Ich bin erleichtert, wenn das Essen vorbei ist. Es ist Disco-abend. Ich fordere ein Mädchen zum Tanzen auf. Sie will nicht. Sie sagt, ich esse nichts und deshalb will sie nicht mit mir tanzen. Ich bin verletzt, traurig und enttäuscht und ich habe mich so sehr geschämt. Ihr ist auf-gefallen, dass ich nichts esse. Das ist nicht männlich. Sie mag mich nicht, weil ich nichts esse und zu dünn bin für einen Mann.

Freunde und Bekannte von mir wollen essen gehen. Ich habe das Gefühl, dass ich verpflichtet bin mitzugehen. Ich bin nicht auf die Idee gekommen zu sagen, dass ich nicht essen gehen möchte. Alle freuen sich auf das Essen. Ich nicht. Ich mache eine große Sache daraus, dabei ist es doch nur ein Essen. Ich weiß schon, dass ich nichts essen werde. Ich gehe trotzdem mit. Ich werde gefragt, warum ich überhaupt mitgehe, wenn ich sowieso nichts esse. Ich weiß es nicht. Ich täusche Magen-schmerzen vor. Ich schäme mich dafür. Ich habe Angst, dass jemand mein Problem erkennt. Ich bin erleichtert, als wir aus dem Restaurant ge-hen. Ich bekomme großen Hunger. Ich darf aber nichts essen. Was wür-den die anderen über mich denken?

Ich will mit Freunden in die Mensa essen gehen. Eigentlich kein Pro-blem. Ich habe Hunger. Ein Kollege möchte uns begleiten. Ich fühle mich nicht ganz wohl in seiner Gegenwart. Sofort ist der Hunger weg und die Angst da. Das geht so schlagartig. Manchmal reicht es auch aus, wenn nur eine einzige Person beim Essen dabei ist, mit der ich mich nicht wohl fühle. Ich will nicht, dass er mitgeht. Ich mache mein Essverhalten von seiner Anwesenheit abhängig. Ich kann nicht mehr essen. Ich merke, dass ich angespannt bin und die Atmung schwerer wird. Mir wird heiß und dann wieder kalt. Mir ist übel. Der Essensgeruch löst noch größere Übelkeit aus. Mein Mund ist fest verschlossen. Ich kann nichts essen oder schlucken. Ich hasse es, wenn man mich fragt, warum ich nichts esse. Ich bin so traurig.

Ich werde älter. Aus meiner Angst wird größere Panik. Meine Atmung geht schnell und schwer. Meine Brust zieht sich zusammen. Ich zittere am ganzen Körper und bekomme Bauchschmerzen. Ich muss aufs Klo. Es ist schlimmer geworden als früher. Wir sind zum Essen bei meinem Chef eingeladen. In meinem Kopf dreht sich alles nur um das Essen und das Bestimmt-nicht-essen-Können. Ich habe so große Angst, dass ich aus Verzweiflung weine und mein Kreislauf zusammenbricht. Ich muss mich an meine Kollegin stützend anlehnen, damit ich nicht umkippe. Das Essen ist da, aber mir ist nur übel. Ich täusche Magenschmerzen vor. Ich schäme mich so sehr. Niemand darf je erfahren, wie ich wirklich bin. Ich will unsichtbar sein. Ich will nur weg von dort. Wenn das Essen vorbei ist, bekomme ich so einen riesigen Hunger. Jetzt darf ich aber erst recht nichts essen, das wäre mir zu peinlich. Aber wenn ich allein bin, werde ich schnell etwas essen.

Ich bin oft sehr traurig, weine, weiß mit mir nichts anzufangen, komme aus dem Bett nicht mehr raus. Ich beginne mit einer Psychotherapie. Dazu nehme ich ein Antidepressivum. Ich soll regelmäßig allein in einem Restaurant essen gehen. Anfangs ist es komisch, dann geht es schon. Es wird immer besser. Mir geht es wieder gut. Weihnachten naht und somit die Betriebsweihnachtsfeier. Ich bekomme wieder Panik, ich werde wieder erinnert, dass ich nichts essen werde oder essen kann. Ich suche Hilfe bei meiner Therapeutin. Sie aber wirft mich raus und sagt, sie kann mir nicht mehr weiterhelfen. Meine Verzweiflung ist so groß, dass ich mich meinen Eltern anvertraue. Ich bekomme fürs Erste ein Beruhigungsmittel und wechsle das Antidepressivum. Ich fühle mich besser. Ich bin von meinen Eltern aufgefangen worden. Ich soll vor der Weihnachtsfeier ein Beruhigungsmittel nehmen. Das hilft mir und ich werde nicht panisch. Ich gehe aber nicht zur Feier. Meine Angst ist zu groß und mein Vertrauen in das Beruhigungsmittel reicht nicht aus. Die Weihnachtszeit ist vorbei und ich bin erleichtert. Ich zähle die Monate bis zur nächsten Weihnachtsfeier.

Ich mag mich nicht mehr der Angst aussetzen und fange an, immer Ausreden zu erfinden, damit ich nicht zum Essen erscheinen muss. Somit komme ich nicht in das Panikgefühl. Ich will die Angst vor der Angst nicht spüren. Ich fühle mich nicht wirklich wohl mit dieser Methode, aber ich weiß mir keine andere Art zu helfen.

Ich habe keine Freundin. Allein die Tatsache, dass ich mit ihr essen gehen müsste, bereitet mir so viel Angst. Ich bin schon einige Male mit Frauen aus gewesen. Es war immer das Gleiche. Beim ersten Date leichte Nervosität, beim zweiten Mal riesengroße Panik. Man geht meistens erst beim zweiten Mal miteinander essen. Aber wie entkomme ich dem Essen bloß? Ganz einfach, man trifft sich nicht mehr mit den Frauen.

Ich ziehe mich zurück und meide alle Essen, bei denen ich mich nicht wohlfühle. Für jede Gelegenheit habe ich eine Ausrede parat. Aber bei der Weihnachtsfeier kann ich nicht schon wieder fehlen. Es fällt allmählich auf, dass ich nicht bei den Betriebsfeiern erscheine. Ich erzähle meinen Eltern davon. Sie sind überrascht, dass ich das Problem immer noch habe. Ich bin überrascht, dass sie denken, es wäre vorbei. Sie versuchen, mir gut zuzureden und mir Tipps zu geben. Ich soll ein Beruhigungsmittel nehmen. Das hilft auch. Für den Abend bin ich erleichtert und freue mich, aber meine Freude hält nicht lange an. Ich weiß, dass das Problem immer noch da ist. Ich versuche, mich damit abzufinden. Das ist wohl mein Leben. Was kann ich daran ändern? Ich merke, wie groß meine Angst ist, im Leben Neues zu erleben. Ich bleibe lieber in meinem alten Trott. Ich merke auch, dass ich in meinem Leben nicht mehr weiterkomme. Ich bin für alle da, aber komme in meinem Leben nicht voran. Ich bin frustriert, versuche mich aber damit abzufinden.

Ich gehe zum Friseur. Die Friseurin findet an mehreren Stellen kreisrunden Haarausfall. Ich weiß, dass dafür meist eine Autoimmunerkrankung die Ursache ist. Bei einer Blutuntersuchung hat sich mein Verdacht bestätigt. Ich muss täglich eine Tablette für meine Schilddrüse nehmen. Es ist eigentlich keine schlimme Sache, aber ich spüre, dass ich mein Leben unbedingt ändern muss. Wenn ich nichts ändere, kann ich nicht glücklich werden. Als erstes höre ich mit dem Antidepressivum auf. Hat es mir jemals gegen meine Angstgefühle und Panikattacken geholfen? Nein, nie! Ich weine viel, aber ich spüre die Trauer nicht. Ich fühle nur Hilflosigkeit und Einsamkeit.

Ich gehe zu einem Vortrag über „Energie statt Stress". Eigentlich will ich nicht wirklich zu diesem Vortrag. Ich will nur nach Hause. Das ist alles, was ich machen will, arbeiten und dann nach Hause. So stelle ich mir mein restliches Leben vor. Ich versuche, zufrieden zu sein, in Wirklichkeit bin ich aber frustriert, traurig und einsam.

Der Vortrag war anders, als ich es gewöhnt bin. Frau Mag. Moser erzählte von verschiedenen Klientinnen und Klienten mit unterschiedlichsten Problemen. Ein Klient hatte eine Schluckstörung und konnte nicht mehr essen. Jetzt geht es ihm wieder gut. Das lässt mich aufhorchen. Ich bekomme etwas Hoffnung.

Ich nehme mir die Visitenkarte von Frau Mag. Moser. Ich überlege, ob ich mich wirklich bei ihr melden soll. Für mich ist klar, dass ich eine Begleitung brauche. Ich bin ängstlich und unsicher. Wird es diesmal funktionieren? Ich rufe bei Frau Mag. Moser an und bekomme schnell einen Termin. Bei meinem ersten Termin weine ich hauptsächlich. Ich bin so unendlich traurig, verzweifelt, aber ich habe Hoffnung. Wir arbeiten intensiv dreimal die Woche. Es ist sehr anstrengend, vor allem auch, weil ich immer nach der Arbeit zu ihr fahre. Mein Privatleben bzw. meine Freizeit ist auf das mindeste geschrumpft. Ich habe so große Hoffnung, dass es mir bald bessergehen wird, dass ich die harte Arbeit in Kauf nehme.

Mittlerweile arbeite ich als Wirtschaftsingenieur in einem großen Betrieb. Ein Betriebsessen steht mir bevor. Wieder habe ich irrsinnige Angst. Jeder Muskel zieht sich zusammen. Meine Atmung wird schwer. Ich habe das Gefühl, ich bekomme keine Luft. Ich will weinen und weglaufen. Ich bin so furchtbar verzweifelt. Ich muss aufs Klo. Ich brauche eine Weile, dann beruhige ich mich wieder, aber ich versuche, das Essen zu verdrängen. Mit der Zeit bemerke ich, dass meine Angst wirklich weniger geworden ist.

Für mich war es sehr wichtig, zu dem Betriebsessen zu gehen. Ich will nicht mehr in die alten Muster fallen und weglaufen. Das Problem wird nicht geringer durchs Weglaufen. Mein Ziel ist es, mich meinen Ängsten zu stellen. Aber das allein benötigt schon irrsinnig viel Mut. Ich war anfangs nervös, habe versucht, ruhig zu atmen, damit die Angst weggeht. Es ist mir gelungen. Ich bestelle das Essen. Vor-, Haupt- und Nachspeise. Das Essen kommt. Ich fange vorsichtig an zu essen. Es geht. Mir ist weder schlecht noch habe ich Angst. Ich bin überglücklich. Ich fühle mich so, als hätte ich eine schwere Prüfung mit einem „Sehr gut" bestanden. Ich bin so motiviert weiterzuarbeiten.

Zeit vergeht. Das nächste Betriebsessen steht an. Wieder spüre ich Nervosität und Unsicherheit. Die Panik, die ich von früher kenne und die immer ein Teil von mir war, spüre ich nicht. Anfangs will ich eine Vorspeise bestellen, aber Angst und Unsicherheit kommen zurück. Ich merke, dass ich wieder leicht in die alten Muster falle: Lieber nichts bestellen, dann brauche ich auch nichts essen. Ich atme tief durch. Glücklicherweise habe ich doch den Mut, die Vorspeise zu bestellen. Das Essen kommt und ich kann essen und was noch besser ist, ich kann das Essen genießen. Es schmeckt und macht Spaß. Mittlerweile habe ich eine nette Frau kennengelernt, ihr Name ist Claudia und wir sind seit knapp vier Monaten ein Paar.

Jetzt kommt das nächste Essen. Das Weihnachtsessen. Das erste Essen mit Claudias Mutter. Ich bin sehr nervös. Ich fürchte mich davor, beim Essen genau unter die Lupe genommen zu werden. Sie kocht. Ich habe Angst, sie zu beleidigen, wenn ich ihr Essen nicht essen kann. Ich kann noch nicht verstehen, dass es keine Beleidigung ist. Ich stellte mir vor, wie es ist, wenn ich ihr Essen nicht anrühre, und wie ich mich deshalb schäme, dass mir schlecht ist und dass mir vor so viel Übelkeit der Kreislauf zusammenbricht. Ich arbeite mit Frau Mag. Moser auf dieses Essen hin. Meine Angst wird weniger, meine Neugierde auf diesen Abend immer größer. Dennoch bleibt eine gewisse Unsicherheit da. Am 24. Dezember bin ich ruhig. Ich kann es eigentlich gar nicht fassen, dass meine gewohnte Nervosität und Angst nicht auftauchen. Vielleicht bin ich ein bisschen aufgeregt und neugierig, aber nicht nervös im negativen Sinn. Claudia, ihre Mutter und ich kochen gemeinsam. Es war wirklich nett. Ich kann nicht sagen, dass ich hundertprozentig entspannt war, aber fürs erste Essen mit der zukünftigen Schwiegermutter ist es toll gelaufen. Ich bin überglücklich. Etwas für mich so Unvorstellbares ist in Erfüllung gegangen.

Das nächste Essen findet mit Claudias Mutter und ihrem Onkel Werner statt. Während der Ausstellung davor, bin ich ruhig und zweifele nicht, dass das Essen danach gut gehen wird. Ansonsten wäre ich schon Stunden bzw. Tage davor sehr nervös gewesen. Ich bin etwas aufgeregt. Als sich der Onkel vorstellt, fühle ich mich wie ein kleines Kind, auf das von oben herab geschaut wird.

Ich bin der einzige, der das Essen komplett aufgegessen hat, und fühle mich stolz, als es Claudias Mutter bemerkt und mich lobt. Ich komme mir vor, wie ein kleines Kind, dem soeben der Kopf getätschelt wurde, weil es brav aufgegessen hat. Trotzdem fühle ich mich gut.

Claudias Mutter lädt uns zu ihrem Geburtstag zum Essen ein. Ich freue mich, dass Claudias Onkel keine Zeit hat, da ich mich wohler fühle, wenn er nicht anwesend ist. Ich bemerke, dass ich leider mein Befinden und Essverhalten von Personen abhängig mache. Der ganze Abend war einfach. Ich bin vielleicht ein bisschen aufgeregt, aber keine Spur von Angst oder Panik. Wir bestellen, das Essen kommt und ich kann das Essen genießen.

Beim nächsten Treffen mit der Mutter und dem Onkel merke ich schon, dass ich mich in der Gegenwart des Onkels nicht wirklich wohlfühle. Ich will den Nachmittag nur irgendwie hinter mich bringen. Der Onkel hat Geburtstag und will Claudia und mich zum Essen einladen. Sofort spüre ich die alte Angst in mir hochsteigen. In meiner Brust zieht es sich zusammen und meine Gedanken kreisen wieder ums Ausreden erfinden, um nicht hingehen zu müssen. Ich erkläre sofort, dass ich meinen Terminkalender nicht bei der Hand habe und das erst abklären muss. Ich bin enttäuscht und traurig. Ich habe doch in letzter Zeit einige Erfolge gehabt. Bedeutet es jetzt einen Schritt zurück? Zuhause meint Claudia, ich brauche nicht mitkommen, wenn ich nicht möchte. Früher wäre ich dafür so dankbar und erleichtert gewesen, wenn mir das mal jemand gesagt hätte. Aber heute fühle ich mich elend, wegzulaufen. Vielleicht ist es zu hart gesagt, aber ich würde mich als Versager und unmännlich fühlen. Ich will nicht kneifen, dafür habe ich schon zu hart gearbeitet. Ich will mich der Angst stellen. Aber gleichzeitig bin ich stolz darauf, dass ich schon mal so weit bin, nicht mehr weglaufen zu wollen. Ich arbeite mit Frau Mag. Moser auch auf dieses Essen hin. Sie sieht das alles locker und ich vertraue mal darauf.

Wir sitzen im Restaurant und bestellen. Ich bin nervös und versuche, mich durch ruhige Atmung zu entspannen. Ich bin nervös, habe aber *glücklicherweise meine Nervosität unter Kontrolle. Ich weiß und vertraue darauf, dass nichts Schlimmes passieren wird, und atme ruhig weiter. Das Essen kommt. Ich nehme das Besteck in die Hand und fange langsam an zu essen. Es geht ganz einfach. Ich bin stolz und überglücklich. Nicht nur darauf, dass ich esse. Ich kann das Essen auch genießen. Es schmeckt und es macht Spaß.*

Analyse

Leos Mutter war bei seiner Geburt noch sehr jung und musste von Beginn an viel auf dem Hof der Familie mitarbeiten. Daher blieb wenig Zeit für ihr Kind und noch weniger Zeit, sich dessen Bedürfnissen anzunehmen. Sein Vater war als Pendler meist nur an den Wochenenden zu Hause. Die Ungeduld und der Stress der Mutter führten dazu, dass Leo beim Essen immer langsamer wurde. Dadurch konnte er die Mutter für die fehlende Zuwendung bestrafen, auch wenn er dies natürlich nicht bewusst getan hat. Denn in Wirklichkeit wünschte er sich genau diese. Bereits im Kindergartenalter hat er sich dieses Muster angeeignet:

> „Ich bin ein kleines Kind. Meine Mutter holt uns vom Kindergarten ab und bringt mir jedes Mal eine Jause mit. Wir fahren auf ein offenes Gelände mit Bahnübergang. Das Anschauen der Züge soll mich zum Essen bringen. Ich mag nicht essen. Viele andere Kinder bleiben zum Essen im Kindergarten. Ich werde mittags immer abgeholt. Gott sei Dank! ... Ich kann mich nur noch an die Erleichterung erinnern, dass ich nicht im Kindergarten essen musste."

Die Mutter war aufgrund von Leos eingeschränktem Essverhalten gezwungen, diesem vermehrt Aufmerksamkeit zu widmen. Er war der einzige, der vom Kindergarten abgeholt wurde, und erhielt dadurch sozusagen zusätzliche Zeit mit der Mutter. Dabei lernte Leo, dass sein Muster, die Mutter durch Nichtessen zur Aufmerksamkeit zu zwingen, funktionierte. Er lernte jedoch auch, dass es mit Liebesentzug und Verstoßung bestraft wurde, wenn er nicht aß und dadurch nicht so war, wie die Mutter ihn haben wollte.

„Ich bin immer noch ein Kleinkind. Ich esse nicht. Meine Mutter hält es nicht aus. Sie wirft mich aus der Wohnung. Sie will mich nicht mehr sehen. Ich esse nicht und sie mag mich deshalb nicht. Ich verbringe den Tag auf der Kinderabteilung im Krankenhaus. Ich bin traurig, allein und einsam."

Doch immer, wenn Leo mit Liebesentzug bestraft wurde, litt darunter auch sein Selbstwert. Es entwickelte sich eine Spirale aus dem Wunsch nach Liebe und Nähe, dem Verweigern des Essens als Machtausübung und seiner Angst vor dem erwarteten und gefürchteten Liebesentzug durch die Mutter. Einerseits wünschte er sich deren Aufmerksamkeit, die er seiner Erfahrung nach nur bekommen würde, wenn er nichts isst. Gleichzeitig fürchtete er ihre Bestrafungen.

Die Essensverweigerung von Kindern kann verschiedene Ursachen haben. Etwa 15–25% aller gesunden Säuglinge leiden an einer Störung des Essverhaltens. Sie verweigern die Essensaufnahme, toben, wollen nicht trinken, essen sehr wählerisch und langsam oder schlafen beim Essen sogar ein. Eltern stellt dies meist vor eine große Herausforderung, vor allem, wenn es ihnen an Zeit und Methoden fehlt. Im Gegensatz zu Essstörungen im Erwachsenenalter spricht man bei Säuglingen und Kleinkindern von einer Fütterstörung, da es sich um die Wechselwirkung zwischen Eltern und Kind handelt. Die Beziehung zwischen den Eltern und ihrem Kind steht dabei im Fokus. Fütterstörungen manifestieren sich meist im ersten Lebensjahr und verselbstständigen sich im Falle einer Fehl- oder Nichtbehandlung.

Ein selbst auferlegter Druck der Eltern, welcher sich auch in ihrem Umgang mit dem Kind widerspiegelt, erschwert die Nahrungsaufnahme für das Kind zusätzlich. Dabei vergessen sie oft, dass sie mit jedem Löffel einen Zwang auf das Kind ausüben. Das Essen, das prinzipiell ein lustvoller und bedürfnisbefriedigender Vorgang sein sollte, wird dadurch zum Stressfaktor für Eltern und Kinder. In der Folge werden die Kinder in ihrem Verweigern oft noch weiter bestärkt.

Neben organischen Ursachen, wie Unverträglichkeiten, Erkrankungen oder Problemen bei der Nahrungsaufnahme bei Frühgeburten oder untergewichtigen Kindern, gibt es auch nicht organische Ursprünge für eine Fütterstörung. Diese sind jedoch meist schwer zu erkennen. Sie reichen von Ängsten und Bindungsstörungen bis zu ungelösten und unausgesprochenen Elternkonflikten.

Da Leos Mutter einmal selbst zu mir in die Praxis gekommen war, wusste ich von ihrem Leid: dass sie unerwartet schwanger geworden war, meist alleine auf dem Bauernhof arbeiten musste und kaum Zeit für ihren Sohn hatte. Zwischen Mutter und Sohn konnte sich dadurch keine stabile und gesunde Bindung entwickeln. Leo hatte stets Angst davor, von der Mutter bestraft oder zurückgewiesen zu werden. Die Mutter wiederum war mit der Situation überfordert und wusste sich nicht zu helfen.

> *„Ich muss meiner Mutter aus den Augen gehen, wenn ich nichts esse. Manchmal lässt sie mich zu Hause und geht selbst aus dem Haus. Ich bleibe zurück. Ich weine. Ich kann nicht anders. Ich hasse mich. Oft bin ich starr und bleibe bewegungslos dort sitzen, wo meine Mutter mit mir geschimpft hat, bis sie zurückkommt und mich wieder befreit."*

Leo lernte in unserer Arbeit, sich unter anderem durch funktionelle Entspannungstechniken von seinen Ängsten nicht überrollen zu lassen, sondern diesen ins Auge zu sehen und sie zu analysieren. Dadurch erkannte er, was hinter seinem Trugbild, nicht essen zu können und den Mund nicht mehr öffnen zu können, stand: der Wunsch, von der eigenen Mutter so angenommen und geliebt zu werden, wie er war, und ihre Zuneigung und Anerkennung zu spüren. Diese ersehnte Aufmerksamkeit erhielt er später von seiner Partnerin Claudia, welche viel Geduld für ihn aufbrachte. Unsere gemeinsame Arbeit auf seinem Weg aus der Angst war dadurch noch erfolgreicher und bald musste er nicht länger Magenschmerzen als Grund für seine Essensverweigerung vorschieben.

In dem Vortäuschen der Magenschmerzen zeigte sich der Wunsch, dem Schamgefühl, nicht essen zu können, einen gesellschaftlich akzeptablen Mantel umzuhängen. Denn Magenschmerzen werden eher als Begründung anerkannt als schwer zu erklärende Ängste.

„Ich werde gefragt, warum ich überhaupt mitgehe, wenn ich sowieso nichts esse. Ich weiß es nicht. Ich täusche Magenschmerzen vor. Ich schäme mich dafür. Ich habe Angst, dass jemand mein Problem erkennt."

In der Reaktion der Therapeutin, welche meinte, „sie könne ihm nicht mehr helfen", spiegelt sich die Ungeduld der Mutter wider und Leo machte eine weitere Erfahrung mit einer vertrauten Person, welche ihn aus „Ungeduld" wortwörtlich vor die Tür setzt. Für Leos Weg aus der Angst erwies sich Geduld somit als der wahrscheinlich wichtigste Faktor. Angesichts seiner Erfahrungen war es notwendig, dass er sich viel Zeit gab und am Anfang jeden kleinen Schritt feierte und anerkannte. Seinen größten Erfolg sah er darin, dass er Essen irgendwann nicht einfach nur zu sich nehmen, sondern sogar genießen konnte.

Erfahrungsbericht Michael

Im Zentrum stand meine Angst, nicht zu entsprechen. Ich wuchs quasi mit dem goldenen Löffel im Mund auf. Mein Vater war ein hochrangiger Beamter und meine Mutter arbeitete als Beamtin in der Versicherungsbranche. Wir waren sehr gut situiert, Geld stellte nie ein Problem dar. Schon als Kleinkind wurde mir jeder Wunsch von den Lippen abgelesen, beim Gewand standen nur Markensachen zur Auswahl. Als ich einmal für eine Woche ins Kinderspital musste, hatte ich in dieser Zeit mehr Spielsachen bekommen als alle anderen anwesenden Kinder zusammen. Meine Eltern erdrückten mich mit ihrer Zuneigung. Ich wuchs quasi in einem goldenen Käfig auf, was ich zu diesem Zeitpunkt natürlich nicht wusste oder wahrnahm.

Gleichzeitig stand ich unter der ständigen Kontrolle meiner Eltern, die mir jeglichen Rückzugsort verwehrten. Ich hatte beispielsweise kein eigenes Bett und schlief bis zum 24. Lebensjahr mit meinem Vater im Ehebett. Meine Mutter schlief in ihrem eigenen Zimmer. Die Kontrolle steigerte sich noch, als mein Vater pensioniert wurde. Ich ging damals erst in die Volksschule, aber er war auch viel älter als meine Mutter. Ich weiß noch, dass ich immer Angst hatte, ihre Kontrollen nicht zu bestehen und etwas nicht richtig zu machen.

Je älter ich wurde, umso mehr stieg indirekt der Druck auf mich. Schon in der Volksschule gab es keine andere Note als eine Eins. „Wenn du nichts lernst, wirst du Hilfsarbeiter", „Schau dir den Straßenkehrer an, willst du das werden?", waren die Standardsätze. Natürlich wollte ich das nicht und da ich ja immer alles bekommen habe, wollte ich meine Eltern nicht enttäuschen.

Meine Mutter und mein Vater kamen beide aus ärmlichen Verhältnissen. Mein Großvater mütterlicherseits hatte als Schneider gearbeitet und meine Großmutter blieb bei den Kindern zu Hause. Sie schien eine ziemliche Glucke gewesen zu sein. Dieses Gluckenverhalten übernahm meine Mutter wohl von ihr. Ihre Familie hatte nie viel Geld und meine Mutter wünschte sich für ihre eigenen Kinder ein besseres Leben, was sie dann natürlich auch jedem zeigen wollte. Aus ihrer Sicht waren später nur Menschen, die einen Titel trugen und eine besondere Stellung innehatten, ein passender Umgang für unsere Familie. Je länger der Titel war, desto wertvoller wurde die Person hinter ihm, unabhängig davon, um was für einen Menschen es sich eigentlich handelte. Wohlstand, Aussehen und der Ruf der Familie waren das Wichtigste.

Natürlich ist es in der Volksschule leicht, nur Einsen auf dem Zeugnis zu haben. Das hat sich im Gymnasium dann geändert, was meine Eltern allerdings nicht akzeptierten. Verbote, Strafen, aber auch Schläge waren die Folge. Aber die gab es auch, wenn ich so einmal etwas falsch gemacht habe. Meine Eltern hatten die Regel, dass alle vier Jahre ein neues Auto gekauft werden muss, weil das Alte dann schon „zu alt" war. Ich weiß noch, einmal habe ich im Garten gespielt und dabei Sand auf unser Auto geworfen. Mein Vater hat mich daraufhin mit dem Gürtel geschlagen.

Sogar der Umgang mit Freunden wurde kontrolliert und teilweise verboten. „Warum können es die anderen?", war oft die Frage und ich fing an, den Fehler bei mir zu suchen. Wenn ich z.B. eine schlechtere Note als eine Eins oder im schlimmsten Fall eine Zwei nach Hause brachte, musste ich oft in der Wohnung bleiben und durfte nicht mit den anderen Kindern im Hof spielen. Ich habe dann immer aus dem Fenster geschaut, sie beobachtet und mich gefragt, was ich falsch gemacht habe, dass sie spielen dürfen und ich nicht.

Ich hatte Angst, den Anforderungen meiner Eltern nicht zu entsprechen. Und diese Angst sollte einen Teil meines Lebens beherrschen. Angst erzeugt wieder Angst und so war jede Schularbeit, jeder Test für mich eine Qual. Durch diese Angst, diesen Druck fing ich an, magersüchtig zu werden. Meinen Eltern fiel dies anfangs nicht auf. Erst als ich nur noch 58 kg wog, sahen sie, dass Handlungsbedarf besteht. Selbst da wurde mir die Schuld gegeben: Welche Schande es doch sei, ein solches Kind zu haben – warum gerade sie. Sie kontrollierten mich dann beim Essen. Um dem zu entkommen, habe ich mein Essen heimlich in Servietten gespuckt und dann im WC runtergespült. Ich glaube, das hat auch mit meinem fehlenden Rückzugsort zu tun. Sie haben alles kontrolliert, beim Essen ging das allerdings nicht.

Von dieser Sucht sollte ich mich für längere Zeit nicht wirklich erholen. Es wurde zwar durch ärztliche Hilfe besser, doch blieb ein Rest an Selbstkontrolle des Gewichts zurück und ich floh in extremen Sport.

Ich schloss trotzdem meine Schulausbildung an einer höheren technischen Schule ab, doch die Angst, nicht zu entsprechen, blieb. Diese machte es mir unmöglich, meinen Eltern zu widersprechen bzw. mich gegen sie durchzusetzen. So kontrollierten sie meine Freundinnen, redeten mir eigentlich alle aus. An Ausziehen aus dem Elternhaus war als mittlerweile 24-Jähriger nicht zu denken.

Doch ich fand die richtige Partie für meine Eltern und ich war froh, dass es so passte. Mir war wichtiger, dass ich Frieden hatte. Außerdem studierte meine damalige Freundin technische Mathematik. Der vorgetäuschte Frieden kam ins Wanken, als ich mich erstmals auf eigene Füße stellte und den Wunsch meiner Freundin nach einer gemeinsamen Wohnung unterstützte. „Nie war das ein Thema, seit die daherkommt", war der Tenor. Doch meine Eltern finanzierten mir eine Wohnung und gaben mir klar zu verstehen, dass sie das nur für mich machten und eigentlich enttäuscht sind, dass ich mein eigenes Leben führen möchte.

Das machte mir natürlich zu schaffen. Die Angst stieg wieder in mir auf. Ich saß quasi zwischen zwei Stühlen – meiner Freundin und meinen Eltern. Wir unternahmen fast jedes Wochenende etwas mit meinen Eltern zusammen – damals lebte mein Vater noch –, was von meiner Mutter als selbstverständlich angesehen wurde. Trotzdem schafften sie es, dass sie die Beziehung zu meiner Freundin hinter meinem Rücken beendeten – ich befand mich gerade auf längerer Auslandsdienstreise. Es geschah ohne mein Wissen, erst als ich zurückkam, sah ich, dass sie ihre Sachen gepackt hatte und ausgezogen war. Nicht einmal da hatte ich die Kraft, mich dagegenzustellen, da sie mir erklärten, warum sie das taten, dass sie es nur für mich gemacht haben und ich eigentlich froh sein sollte.

Doch drei Jahre später lernte ich meine jetzige Frau kennen und ich tat das, worauf ich noch heute stolz bin: Ich heiratete sie binnen kurzer Zeit – gegen den Willen meiner Eltern. Zu Beginn unserer Beziehung wohnte ich wochenlang bei ihr, ohne mich bei meinen Eltern zu melden. Ich war so verliebt in sie und hatte erstmals keine Angst, etwas falsch zu machen. Irgendwann holte mich mein schlechtes Gewissen dann aber doch wieder ein. Als ich meinen Eltern von der geplanten Hochzeit erzählte, stellten sie diese in Frage und meinten, es sei zu früh und es gäbe noch andere Frauen auf dieser Welt. Noch dazu hatte sie nicht studiert und somit auch keinen Titel. Aber das war mir egal und wir heirateten. In der Kirche und auch an der Hochzeitstafel schaute mich meine Mutter wie ein Insekt an. Selbst bei meiner Hochzeit widmete ich ihr mehr Aufmerksamkeit als meiner Frau. Mutwillig und aus Fleiß verließen sie frühzeitig meine Hochzeit. Doch das Komische war, dass ich ab diesem Zeitpunkt das Fest genießen konnte, obwohl die Angst wieder aufkam, meine Eltern enttäuscht zu haben. Sogar von der Hochzeitsreise aus rief ich meine Mutter jeden Tag an.

Ich versuchte, so viel Freizeit mit meinen Eltern zu verbringen, dass meine Frau schon sagte, ich sei ein Muttersöhnchen. Doch es gelang mir, ihr zu erklären, warum ich das tat. Ich muss sagen, zum Glück unterstützte sie mich. Es ist nicht selbstverständlich, dass eine Schwiegertochter jeden Sonntag mit den Schwiegereltern verbringt. Sie hat da ihren eigenen Eltern gegenüber sehr zurückgesteckt. Trotzdem waren diese Zusammenkünfte für mich anstrengend, da ich immer Angst hatte, ob auch ja alles für meine Mutter passt und sie glücklich ist.

Ein Jahr nach unserer Hochzeit kam unser Sohn zur Welt. Meine Mutter wollte ihn zu sich nehmen, sie meinte, dass sie schließlich die Großmutter sei. Meine Frau war für sie uninteressant, bei jedem Streit meinte sie, ich solle mich scheiden lassen. Zum Glück war meine Frau immer schon sehr stark und ließ nicht zu, dass meine Mutter uns das Kind wegnimmt. Als sie ihr das klarmachte, begann meine Mutter, schlecht über unseren Sohn zu reden. Sie meinte, dass er behindert sei, weil er mit einem Jahr noch nicht sprechen wollte. Ich wusste aber, dass sie ihn sehr liebte, und sie brachte ihm immer viele Geschenke. Dennoch setzte sie mich weiterhin stark unter Druck.

Die Situation verschlechterte sich, als mein Vater starb. Ab diesem Zeitpunkt klammerte sich meine Mutter noch mehr an mich. Sie war aber nie dankbar für die viele gemeinsame Freizeit (zu Weihnachten blieb ich zu Hause und ließ meine Familie allein in den Skiurlaub fahren) und ihr war eigentlich nichts recht. Im Grunde gab sie mir die Schuld am Tod meines Vaters und daran, dass sie nun alleine war. Dieses Gefühl, schuld zu sein und zwischen zwei Stühlen zu sitzen, zehrte sehr an meiner Energie und ich war nahe daran, ein Burnout zu erleiden. Auf Zureden meiner Frau ging ich zu Frau Mag. Moser.

Den ersten Beratungsversuch brach ich jedoch sehr schnell wieder ab. Die Schuldgefühle meiner Mutter gegenüber waren zu groß, ich konnte kaum über sie sprechen, so ein schlechtes Gewissen hatte ich. Sie meinte auch immer, ich würde mein Geld zum Fenster hinauswerfen und dass so etwas nichts bringen würde.

Meine Mutter übte immer mehr Druck auf mich aus. Ich besuchte sie zwei Mal pro Woche, jeden Sonntag aßen wir bei ihr. Dennoch war es nie genug. Ständig musste ich mir anhören, dass ihre Nachbarn so liebe Kinder haben, die sie immer besuchen kommen.

Als meine Mutter sich dazu entschied, freiwillig aus dem Leben zu scheiden und Selbstmord zu begehen, hinterließ sie einen Brief, in dem sie schrieb, sie wisse, dass ich mich bemüht habe, sie könne ihre Einsamkeit aber nicht mehr aushalten. Ich fühlte mich schuldig, obwohl ich und wir alles getan hatten, fühlte mich antriebslos und erschlagen, war traurig und verletzt. Nach einem Jahr ging ich wieder in die Beratung und in die Körpertherapie zu Frau Mag. Moser, um dort meine Ängste, anderen nicht zu entsprechen und nicht gut genug zu sein, zu bearbeiten.

Die energetische Arbeit und die Beratung sowie der überraschende Tod meiner Mutter ermöglichten mir langsam wieder, Energie zu gewinnen und Spaß und Sinn am Leben zu entdecken. Langsam fiel die Angst, entsprechen zu müssen, von mir ab und ich kann nun das Leben genießen und habe Energie für die wichtigen Dinge des Lebens.

Analyse

Michaels Vater war ungefähr 18 Jahre älter als seine Mutter. Er war Sudetendeutscher und im Krieg in Gefangenschaft. Daher kamen wohl auch seine strengen Erziehungsmethoden und der Wunsch nach einem besseren Leben für sein Kind. Dennoch hatte die Mutter die Oberhand in der Beziehung und der Vater musste ihr abends immer berichten, wie sich der Sohn über den Tag verhalten hatte und ob er ihn gegebenenfalls auch bestraft hatte.

> *„Gleichzeitig stand ich unter der ständigen Kontrolle meiner Eltern, die mir jeglichen Rückzugsort verwehrten. Ich hatte beispielsweise kein eigenes Bett und schlief bis zum 24. Lebensjahr mit meinem Vater im Ehebett."*

Dass Michael bis zu seinem 24. Lebensjahr mit seinem Vater im Ehebett schlafen musste und kein eigenes Bett zur Verfügung gestellt bekommen hat, wird in der Wissenschaft auch als Co-Sleeping bezeichnet. Dies ist bei Kindern bis zum fünften oder sechsten Lebensjahr noch normal, da sie in diesem Alter häufig unter Ängsten leiden und Schutz bzw. Zuflucht bei den Eltern suchen. Im höheren Alter handelt es sich dabei jedoch kaum noch um den Wunsch der Kinder, sondern um den der Eltern. Zwar gibt es unter Entwicklungspsychologen durchaus Befürworter des „Familienbetts", in den meisten Fällen ist der Grund für ein geteiltes Bett jedoch jener, dass die Eltern nicht loslassen können oder ein Elternteil sich dem anderen entziehen möchte und das Kind gewissermaßen dazwischen legt. Zum einen wird dem Kind damit die Verantwortung für die elterliche Beziehung auferlegt. Zum anderen verhindert dies jedoch auch, dass das Kind einen gesunden Selbstwert entwickeln kann. Natürlich können Kleinkinder, kranke Kinder oder von Alpträumen geplagte Kinder im Bett der Eltern Zuflucht suchen. Auf keinen Fall sollen sie jedoch, wie es bei Michael der Fall war, dazu gezwungen werden, das Bett mit den Eltern zu teilen. Kaum ein Jugendlicher wird wohl freiwillig den Wunsch äußern, nicht alleine zu schlafen.

> *„Je älter ich wurde, umso mehr stieg indirekt der Druck auf mich. Schon in der Volksschule gab es keine andere Note als eine Eins. ‚Wenn du nichts lernst, wirst du Hilfsarbeiter', ‚Schau dir den Straßenkehrer an, willst du das werden?', waren die Standardsätze. Natürlich wollte ich das nicht und da ich ja immer alles bekommen habe, wollte ich meine Eltern nicht enttäuschen."*

Die Geschenke und Zuwendungen der Eltern waren für Michael stets mit dem Beigeschmack versehen, dass er etwas dafür tun müsse: ein Einser-schüler sein bzw. alles leisten, was sie von ihm verlangen. Solch einem Druck bzw. solch einer Erpressung kann jedoch kein Kind standhalten. Es lernt da-durch, dass seine Liebenswürdigkeit und Wertschätzung an eine Bedingung, in Michaels Fall die schulische Leistung, geknüpft sind. Folglich schwindet seine Liebenswürdigkeit bei Nichterfüllung der Bedingung. Geliebt und an-genommen zu werden, stellt, wie wir wissen, jedoch ein Grundbedürfnis bei Kindern bzw. allen Menschen dar. Die Angst, nicht zu entsprechen, nicht genug zu sein, entsteht und wird durch die körperliche Misshandlung durch Schläge noch verstärkt.

> *„Ich weiß noch, einmal habe ich im Garten gespielt und dabei Sand auf unser Auto geworfen. Mein Vater hat mich daraufhin mit dem Gürtel geschlagen."*

Dieses „Aufrechnen" von Zuwendungen wurde nach dem Tod des Vaters von der Mutter noch stärker eingefordert. In der Annahme, nun noch mehr Anrecht auf die Aufmerksamkeit des Sohnes zu haben, da sie ja ihr Leben lang für ihn da war, verlangte die Mutter von Michael ein immer höheres Ausmaß an Aufmerksamkeit und Loyalität. Dieses konnte er kaum aufbrin-gen und nur auf Kosten seiner seelischen und körperlichen Gesundheit bzw. auf Kosten seiner Beziehung, wenn seine Partnerin nicht ihm zuliebe zu-rückgesteckt hätte. Egal wie viel er auch tat und wie viel Aufmerksamkeit er der Mutter schenkte, es war stets zu wenig. Dies bestätigte ihn in seiner Angst, den Anforderungen der Mutter bzw. der Eltern nicht zu genügen. Hinzu kamen die Schuldzuweisungen für den Tod des Vaters.

Diese Angst konnte er zu Lebzeiten des Vaters vorübergehend verdrän-gen, als er gerade erst mit seiner Partnerin zusammengekommen war, denn da war seine Liebe so groß, dass er es schaffte, die Wünsche und Erwartun-gen seiner Eltern hintenanzustellen:

> *„Zu Beginn unserer Beziehung wohnte ich wochenlang bei ihr, ohne mich bei meinen Eltern zu melden. Ich war so verliebt in sie und hat-*

te erstmals keine Angst, etwas falsch zu machen. Irgendwann holte mich mein schlechtes Gewissen dann aber doch wieder ein."

In dem Moment jedoch, als er merkte, dass diese Liebe anhaltend ist und er mit ihr alt werden möchte, kamen seine früheren Ängste wieder hervor: Wird seine zukünftige Frau für die Mutter gut genug sein können oder wird die Mutter erneut versuchen, seine Partnerin zu verjagen? Die perfekte Frau aus Sicht der Mutter hätte es für ihren Sohn jedoch wahrscheinlich nie gegeben, da sie stets eifersüchtig war, er könne diese mehr lieben als sie. Eifersucht ist die Angst, dass eine andere Person besser, also z.B. liebenswerter, schöner oder wichtiger, ist als man selbst. Den Sohn hielt sie jedoch für ihr Eigentum. Und daraus leitete sie ebenso Ansprüche auf ihr Enkelkind ab.

Diese Eifersucht bzw. das schlechte Gewissen, welches sie ihrem Sohn machte, ging so weit, dass Michael seinen ersten Beratungsversuch bei mir abbrechen musste. Er konnte das Wort „Mutter" kaum aussprechen und wenn ich nach ihr fragte, reagierte er oft aggressiv. Sein schlechtes Gewissen ging so weit, dass er es sich nicht erlaubte, seinen Ängsten ins Auge zu sehen, weil er fürchtete, er könne dann glücklich sein und seine Mutter nicht. Allein die Vorstellung, dieser gegenüber nicht loyal oder undankbar zu sein und ein schlechtes Wort über sie zu verlieren, löste in ihm beinahe ein Ohnmachtsgefühl aus.

„Den ersten Beratungsversuch brach ich jedoch sehr schnell wieder ab. Die Schuldgefühle meiner Mutter gegenüber waren zu groß, ich konnte kaum über sie sprechen, so ein schlechtes Gewissen hatte ich. Sie meinte auch immer, ich würde mein Geld zum Fenster hinauswerfen und dass so etwas nichts bringen würde."

Auch ihr Abschiedsbrief erscheint als eine Form der letzten Bestrafung des Sohnes. Ihm wurde darin vermittelt, dass alles, was er getan hatte, zwar gesehen wurde, es aber nicht ausgereicht hat, um die Mutter am Leben festhalten zu lassen. Erst nach einem Jahr konnte sich Michael mental und energetisch wieder aufbauen, um die Mutter und ihre Erwartungen an ihn endgültig zu verabschieden.

Für Michaels Weg aus der Angst war es zunächst wichtig zu erkennen, dass er bzw. seine Leistung nicht für das Glück oder Unglück seiner Eltern verantwortlich war. Seine große Angst, nicht zu entsprechen, entstand ja aufgrund ihrer eigenen Unfähigkeit, ein glückliches Leben zu führen. Glück wurde stets im Außen, durch die Bestätigung anderer und mit Hilfe von Markenprodukten, Autos und Titeln gesucht und konnte daher nicht auf Dauer und von innen erfüllt werden. Glück und Zufriedenheit resultieren jedoch aus einer inneren Haltung dem eigenen Leben gegenüber. Es wäre Michael also nie möglich gewesen, seine Eltern glücklich zu machen. Als er sich dazu entschied, sich mit seiner Angst auseinanderzusetzen und seine körperlichen Symptome wie die Magersucht anzugehen, lernte er, dass seine Liebenswürdigkeit nicht länger an eine Leistung geknüpft ist, sondern an seine Persönlichkeit, welche ihm nicht genommen werden kann. Dies führte dazu, dass er auch im Beruf erfolgreicher wurde und seinen Arbeitsplatz selbstbewusster einnehmen und Verantwortung übernehmen konnte.

Er gewann seine Lebensqualität vor allem aufgrund seiner Familie zurück. Er erkannte und bedauerte, wie viel Zeit er mit seinem Sohn versäumt hatte. Den Tod seiner Mutter beschreibt er selbst als Teil einer Chance, sich seinen Ängsten zu stellen und dadurch zu mehr Lebensfreude zu gelangen:

„Die energetische Arbeit und die Beratung sowie der überraschende Tod meiner Mutter ermöglichten mir langsam wieder, Energie zu gewinnen und Spaß und Sinn am Leben zu entdecken. Langsam fiel die Angst, entsprechen zu müssen, von mir ab und ich kann nun das Leben genießen und habe Energie für die wichtigen Dinge des Lebens."

MIT ACHTSAMKEIT
ZU NEUEM MUT

Ihren Ursprung fand die Achtsamkeit in der buddhistischen Lehre, für ihre Umsetzung und ihre Anwendung müssen jedoch keinesfalls religiöse Hintergründe die ausschlaggebende oder treibende Kraft darstellen. Sie wurde Element einer Vielzahl von Entspannungs- und Konzentrationsübungen, damit sie unabhängig von ihrem religiösen Ursprung in den Alltag integriert werden kann. Die bewusste Entscheidung und der klare Wunsch, **mehr Achtsamkeit in das eigene Tun und Leben** zu bringen, bilden die Grundlage für eine erfolgversprechende Umsetzung.

Um Achtsamkeit im Alltag anzuwenden, müssen sich die betreffenden Personen selbst in einen bewussten Prozess begeben. Dieser ist darauf ausgerichtet, die gesamte Aufmerksamkeit auf den gegenwärtigen Moment und in ihm auftretende Gefühle und Gedanken zu richten. Wichtig dabei ist, dass Wertungen und Urteile möglichst ausgeblendet bzw. dass aufkommende Wertungen und Urteile ebenfalls bewusst wahrgenommen werden. Einige einfache Übungen können das Lernen von Achtsamkeit unterstützen. Diese sollten soweit wie möglich alleine durchgeführt werden.

Achtsamkeit kann in formeller und informeller Praxis geübt werden. Bei der formellen Praxis handelt es sich um klar definierte und vorgegebene Meditationstechniken, wie beispielsweise (teilweise auch geführte) Sitzmeditationen. Neben einzelnen Übungen gibt es ebenfalls ein Angebot an fertig zusammengestellten Trainings für die Praxis, welche die einzelnen Übungen miteinander vereinen.

Bei der informellen Praxis geht es wiederum um die Umsetzung und Anwendung von Achtsamkeit im Alltag. Auf den ersten Blick scheint es recht einfach zu sein, Achtsamkeitsübungen und die Konzentration auf das Hier und Jetzt umzusetzen. Dennoch benötigen sie eine gewisse Routine, Aufmerksamkeit und Konzentration, um sie auch mit dem gewünschten Effekt auszuführen und die eigenen inneren Vorgänge, Gedanken und Gefühle ohne Bewertung wahrnehmen zu können. Zunächst erscheinen uns die Übungen sehr ungewohnt, da wir in unserer Entwicklung meist nicht auf diese Dinge trainiert und aufmerksam gemacht wurden. So geschieht es sehr schnell, dass sich während einer Übung andere Vorstellungen, wie Zukunftspläne, noch zu erledigende Aufgaben oder Gedanken an die Vergangenheit, dazwischendrängen. Dabei handelt es sich um den Autopilot-modus unseres Bewusstseins, welcher sich automatisch aktiviert und häufig dazu führt, dass Übende frustriert werden und leicht wieder aufgeben. Aus diesem Grund ist ein sanfter Einstieg in die Umsetzung und Anwendung von Achtsamkeit im Alltag zu empfehlen.

Das Ziel der Anwendung von Achtsamkeit im Alltag besteht darin, im Hier und Jetzt den Selbstwert schädigende alte Muster und Ängste sowie auf-rechterhaltende Gedanken und Gefühle zu erkennen. Indem wir das Bild, das wir von uns selbst haben, verändern, können wir Mut schöpfen, um unseren alten Ängsten und Mustern ins Auge zu sehen und uns ihnen zu stellen. Wir können lernen, die Botschaften, die uns die Angst vermittelt, zu hinterfragen, weil sie uns nicht mehr lähmt. Dies gibt uns die Möglichkeit, uns weiterzuentwickeln und mehr Selbstwert zu gewinnen.

Wie wirkt Achtsamkeit?

Indem wir den wahrgenommenen Gefühlen, Ängsten und Gedanken eine wertfreie Haltung entgegenbringen, unterbrechen wir den drohenden Pro-zess der Selbstabwertung. Dieser Prozess war sonst dafür zuständig und ver-antwortlich, die alten Ängste und Muster aufrechtzuerhalten. Fortan unter-scheiden wir zwischen der Person, die denkt und fühlt, und dem Inhalt ihrer Gedanken und Gefühle, der von Erfahrungen, Ängsten und Erwartungen geprägt ist. Dadurch kann eine wertfreie Haltung unterstützt werden. Wert-frei bedeutet, dass sich Betroffene nicht selbst dafür verurteilen oder noch weiter abwerten, wenn sie beginnen, ihre negativen Gefühle und Ängste zu erkennen.

Beobachten wir beispielsweise vor einem wichtigen beruflichen Tref-fen, dass ein überdurchschnittliches Ausmaß an Nervosität in uns entsteht und sich negative Gedanken bzw. Versagensängste breitmachen wollen, dann können wir durch das Üben von Achtsamkeit eine Beobachterrolle einnehmen, bevor uns Nervosität und Ängste lähmen. Wir nehmen dann wahr, dass unser Herz schneller zu klopfen beginnt, unsere Hände kalt werden und wir schwitzen, aber verurteilen uns für diese Reaktionen nicht mehr. Anstelle des Glaubenssatzes „Sei kein Angsthase!" rückt das wertfreie Erkennen der Angst. Dadurch können wir uns unserer Angst stellen.

Solche Muster und Gedankengänge laufen meist vollkommen unbewusst ab, da wir sie uns ein Leben lang antrainiert haben. Wenn wir sie jedoch wachsam beobachten, können wir auch diese langfristigen Begleiter erkennen.

Zu den physiologischen Auswirkungen von Achtsamkeit existiert bereits eine große Anzahl an Studien. Die Psychotherapeutinnen Bettina Lohmann und Susanne Annies halten in ihrem Fachbuch „Achtsamkeit in der Verhaltenstherapie" (2016) fest, dass durch deren Anwendung beispielsweise die Atmung von Betroffenen verlangsamt und gleichmäßiger wurde, ihr Sauerstoffverbrauch zurückging und auch die Herzfrequenz geringer wurde. Der arterielle Blutdruck nahm ab, die Schweißbildung ging zurück und Muskelanspannungen ließen nach. Außerdem kam es zu einer höheren Antikörperproduktion und einer Absenkung des Cortisolspiegels, was als ein Hinweis für ein stärkeres Immunsystem gedeutet werden kann.

Das körpereigene Hormon Cortisol, auch Hydrocortison genannt, zählt zu den Stresshormonen. Es wird in der Nebennierenrinde im Gehirn gebildet und steuert in Abhängigkeit von der Tageszeit das Aktivitätsniveau unseres Körpers. Dabei beeinflusst der Cortisolspiegel u.a. den Blutzuckerspiegel, den Fettstoffwechsel sowie die Wasserausscheidung. Die hohe Cortisolproduktion am Morgen lässt uns wach werden, das Abfallen des Spiegels bis zum Abend macht uns hingegen müde.

In Situationen der Gefahr und Angst stellt das Hormon unserem Körper zusätzliche Energie bereit und senkt unsere Schmerzempfindlichkeit und Immunabwehr, sodass wir der akuten Belastungssituation besser gewachsen sind.

Eine im Jahr 2010 durchgeführte Studie von Stefan Hofmann und Kollegen ergab sogar, dass sich achtsamkeitsbasierte Therapien positiv auf die Bearbeitung von Angststörungen und affektiven Störungen auswirken können.

Die Angst umwandeln

Nachdem negative Gedanken, Gefühle oder Ängste erkannt wurden, müssen Betroffene im nächsten Schritt lernen, diese zu verwandeln, um den Prozess der Selbstabwertung zu unterbrechen. Denn solche Muster haben sich meist über Jahre zu einem starren Glauben an ein bestimmtes **Selbstbild** verfestigt. Dieser Glaube muss aber keinesfalls der Realität entsprechen. Wie bereits erwähnt, ist dieser meist geprägt von alten Ängsten, Erfahrungen und Glaubenssätzen, welche es zu verändern und abzuwandeln gilt.

Wenn wir beginnen, diese Muster und Ängste, die unseren Selbstwert schädigen, zu verändern, passiert es häufig, dass sich bei deren Bewusstmachung auch das dazugehörige Gefühl ausbreitet. Wandeln wir diese Gedanken nun um, merken wir bald, dass unser altes Gefühl nicht mehr zu unseren neuen Gedanken passt.

Um den Gleichgewichtszustand aus Gedanken und Gefühlen in unserem Körper wiederherzustellen, müssen diese alten Gedankenmuster und Ängste erst umgelernt und mit neuen, dazu passenden Gefühlen verknüpft werden. Dieser Prozess kann sehr anstrengend und langwierig sein und ist mit viel Konzentration und der Bereitschaft der Betroffenen verbunden, sich auf ihn einzulassen.

Es entsteht dabei eine neue innere Haltung der eigenen Person gegenüber. Dadurch kann ein gesunder Selbstwert entwickelt werden, sodass unsere alten Ängste unser Hier und Jetzt nicht mehr beeinflussen und unsere Lebensenergie wieder fließt.

Von dieser **Lebensenergie** spricht auch der Begründer der Bioenergetik, Alexander Lowen (s. S. 15). Seiner Meinung nach ähnelt diese Lebensenergie bzw. der durch sie entstehende Energiefluss dem menschlichen Blutkreislauf. Denn unser Blut versorgt uns mit Sauerstoff und Stoffwechselprodukten und erneuert die verbrauchte Energie in unserem Herz. Es ermöglicht einen Ausgleich zwischen Versorgung und Verbrauch. Und dieses Gleichgewicht muss nach Lowen auch für unsere Lebensenergie hergestellt werden. Die Lebensenergie wird jedoch unterbrochen bzw. kann nicht fließen, wenn wir zu sehr an alten Mustern und Ängsten festhalten, die in unserem Körper Blockaden und Beschwerden erzeugen.

Es gilt, eine Kommunikation mit dem Körper herzustellen und herauszufinden, welche Ursachen (Erlebnisse in der Vergangenheit, Erfahrungen, Glaubenssätze etc.) für die Störungen verantwortlich sind. In meiner eigenen Praxis und durch meine langjährige Erfahrung habe ich dahinter meist Ängste, einen erhöhten Leistungsdruck und Einsamkeitsgefühle entdeckt.

Um diesen Fluss der Lebensenergie und einen Entspannungszustand wiederherzustellen, gilt es, die durch die Übungen hervorgerufenen „neuen" Gefühle ebenfalls bewusst wahrzunehmen, zu spüren, ob sie uns guttun, und sie zu kommunizieren. Dann sind wir in der Lage, diese zu festigen, sodass der Körper wieder zurück in seinen Entspannungs- und Gleichgewichtszustand gelangen kann.

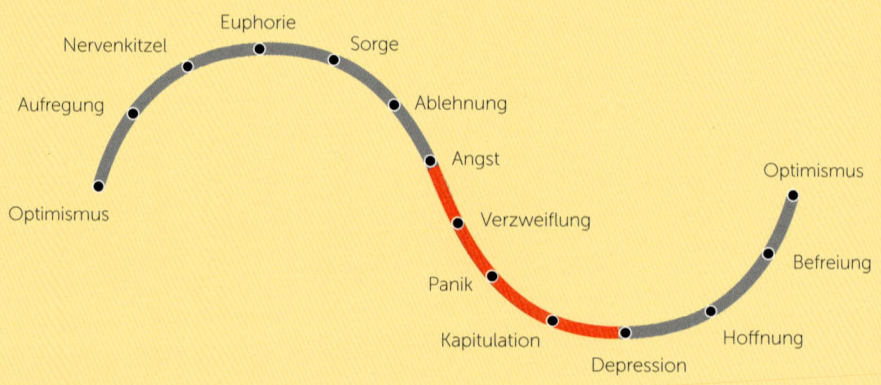

Die Bioenergetik bietet eine Vielzahl von Übungen, die dabei helfen, Verspannungen zu lösen. Unter anderem kann es sein, dass sie während oder nach den Übungen ein Zittern in den Muskeln verspüren. Dieses Zittern sollte jedoch nicht mit Schwäche verwechselt werden, es ist vielmehr ein Zeichen für eine gesunde Tätigkeit der Muskulatur. Im Zittern, in der Vibration zeigt sich eine physische Entladung, die dazu dient, Blockaden zu beseitigen.

Die Übungen in diesem Buch sind für die individuelle Durchführung zu Hause bestimmt. Sie können diese im Alltag anwenden, um ihr Selbstwertgefühl zu stärken und ihre Ängste zu erkennen. Dadurch werden Sie optimistischer und reflektierter, Sie lernen, die Verantwortung für Ihr Leben und Ihre Zukunft zu übernehmen, und stärken ihre Resistenz gegenüber Stress, Angst und Einsamkeit.

Resilienz entwickeln und das Selbstwertgefühl wachsen lassen

Der Begriff der **Resilienz** ist in unserer heutigen Gesellschaft zunehmend geläufig. Ursprünglich bedeutet er so viel wie „abprallen" oder „zurückspringen". Ich bin der Meinung, dass Resilienz von dieser ursprünglichen Bedeutung losgelöst betrachtet werden sollte, denn meines Erachtens hat sie nichts mit „Abprallen" oder „Zurückspringen" zu tun. Vielmehr beschreibt Resilienz eine innere Haltung dem Leben gegenüber, welche es der Person ermöglicht, an Herausforderungen nicht zu zerbrechen, sondern zu wachsen. Resilienz meint für mich eine innere Konstitution, mit der wir Verantwortung für unser Leben übernehmen und unsere Stärken, aber auch Schwächen akzeptieren können. Sie lässt uns darauf vertrauen, dass wir genügen und es wert sind, geliebt zu werden.

Einer Studie zufolge setzt sich Resilienz aus **sieben Kompetenzen** zusammen: Optimismus, Akzeptanz, Lösungsorientierung, Selbstbestimmtheit, Verantwortungsbewusstsein, qualitative Beziehungen führen und Zukunftsorientierung.

Optimismus: Optimismus bedeutet, dass resiliente Menschen in herausfordernden oder schwierigen Situationen dennoch nach dem Guten und Positiven suchen. Dabei wird nicht einfach alles durch eine rosarote Brille gesehen, sondern die Situation als Wachstumsmöglichkeit wahrgenommen. Optimistische Menschen haben auch von sich selbst ein positives Bild und machen ihr Selbstwertgefühl kaum von äußeren Einflüssen abhängig.

Akzeptanz: Akzeptanz ist die Fähigkeit, sich selbst und alles, was einem widerfährt, anzunehmen und in das eigene Leben zu integrieren. Es bedeutet, ein Bewusstsein zu besitzen, dass wir nicht alles beeinflussen können, sondern nur die Verantwortung für unsere Handlungen, Gedanken und Gefühle übernehmen können. Der akzeptierende Mensch weiß, dass auch traurige oder schmerzliche Erfahrungen zum Leben dazugehören, in ihnen jedoch eine Wachstumsmöglichkeit verborgen ist. Wir können nicht leugnen, was uns passiert ist, aber wir können daraus lernen.

Lösungsorientierung: Resiliente Personen erkennen in Schwierigkeiten und Herausforderungen stets eine Möglichkeit, sich weiterzuentwickeln und neue Chancen daraus zu schöpfen. Sie konzentrieren sich dabei auf das, was sie sich als Ziel gesetzt haben, und nicht auf jene Dinge, die schiefgehen könnten.

Selbstbestimmtheit: Diese beschreibt die Fähigkeit resilienter Personen, ihre Gefühle und Emotionen selbst zu beeinflussen, zu steuern und an gegebene Situationen anzupassen, um Entscheidungen treffen zu können. Sie sind sich ihrer Bedürfnisse bewusst und vertrauen sich und ihren Fähigkeiten.

Verantwortungsbewusstsein: Resiliente Menschen übernehmen für eigene Gefühle, Gedanken und Handlungen die Verantwortung und übertragen diese nicht auf andere Personen oder äußere Gegebenheiten. Sie übernehmen also die Verantwortung für ihr Leben. Dabei ist ihnen auch bewusst, dass andere Menschen ebenso für die eigenen Emotionen verantwortlich sind und beispielsweise Neid, Eifersucht oder Ähnliches nichts mit der eigenen Person zu tun haben, sondern mit dem Gegenüber. Verantwortungsbewussten Menschen ist es nicht wichtig, von jedermann geliebt und anerkannt zu werden, denn sie sind sich ihres eigenen Wertes und der Tatsache bewusst, dass ihnen dieser Wert nicht von Außenstehenden genommen werden kann. Sie wirken somit nach bestem Wissen und Gewissen, können verzeihen und klammern sich nicht an Rachegelüste.

Qualitative Beziehungen führen: Resiliente Menschen besitzen die Fähigkeit, qualitative Beziehungen einzugehen. Sie können diese pflegen und aufrechterhalten sowie in einem Gleichgewicht aus Geben und Nehmen halten. Anderen Menschen begegnen sie offen und ohne die Erwartung, von ihnen glücklich gemacht zu werden, da sie wissen, dass sie für ihr Glück selbst verantwortlich sind. Ihre Beziehungen wirken unterstützend und ressourcenfördernd. Alte Beziehungen, welche schon lange ausgelebt sind, werden von resilienten Menschen losgelassen, ohne dabei die Angst zu haben, dadurch alles zu verlieren. Es ist gleichzeitig wichtig zu verzeihen, damit wir selbstbestimmt neue Wege gehen können.

Zukunftsorientierung: Resiliente Personen setzen sich klare Ziele, erlauben sich, zwischendurch zu verweilen, und verlieren ihre Ziele dabei nicht aus den Augen. Für sie sind Ziele Herausforderungen, die ihre Lust auf Neues fördern. Die Angst zu versagen steht bei ihnen nicht im Vordergrund. Sie überprüfen ihre Schritte, adaptieren, wenn notwendig, ihre Vorgehensweise und können selbstsicher klare Entscheidungen treffen. Aus ihren Zielen schöpfen sie Energie, Kraft und Motivation, um selbstbestimmt ihren Weg gehen zu können und gegebenenfalls Rückschläge auch zu verkraften. Für sie gilt das Motto: „Es ist egal, wie oft wir hinfallen, wichtig ist, wie oft wir wieder aufstehen."

15 Übungen für den Alltag

Die folgenden Übungen können Sie jederzeit umsetzen, wann auch immer Sie das Bedürfnis haben. Sie müssen dafür keinen besonderen Ort aufsuchen, achten Sie allerdings darauf, dass Sie sich dort wohlfühlen und nehmen Sie sich ausreichend Zeit. Natürlich ist es möglich, mehrere Übungen nacheinander umzusetzen. Dabei empfehle ich Ihnen, mit einer Atemübung zu beginnen.

Personen mit schweren psychischen Erkrankungen sollten zuvor mit Ihrer Therapeutin/Ihrem Therapeuten bzw. Ihrer Ärztin/Ihrem Arzt Rücksprache halten. Wenn Sie die Übungen durchführen und Ihnen wird dabei etwas für Sie Belastendes oder Schwerwiegendes bewusst, so ist es unbedingt ratsam, mit einer der genannten Personen darüber zu sprechen.

1 Soforthilfe:
Bewusstes Atmen

Wann: Sie sitzen zum Beispiel in der Straßenbahn, gehen spazieren, sind am Flughafen oder auf dem Weg zu einem Termin. Plötzlich merken Sie, dass ein Angstgefühl in Ihnen aufkommt, vielleicht spüren Sie auch Stress und Unbehagen. Ein Auslöser muss dafür nicht immer klar erkennbar sein. Die Gefühle drohen Sie zu überrollen, zur Flucht zu zwingen oder zu lähmen.

Wofür: Diese Übung soll Sie dabei unterstützen, den Körper durch Entspannung kurzfristig zu entlasten, damit Sie anschließend die Situation mit mehr Abstand und Ruhe betrachten und analysieren können. Es handelt sich hierbei um eine kleine Soforthilfe für den Alltag.

Was Sie brauchen: nichts

Anleitung: Sie können diese Übung sowohl im Stehen als auch im Sitzen durchführen. Die Übung kann an Ort und Stelle umgesetzt werden, falls Sie jedoch im Auto sitzen, halten Sie kurz an. Wenn es Ihnen in der Öffentlichkeit unangenehm ist, dann suchen Sie sich einen ruhigen Ort.

Legen Sie Ihre Hände flach auf den Bauch und formen Sie mit ihren Daumen und Zeigefingern ein Dreieck. Die Mitte des Dreiecks bildet Ihr Bauchnabel, der nicht von ihren Händen überdeckt werden sollte. Die Daumen- und Zeigefingerspitzen berühren sich.

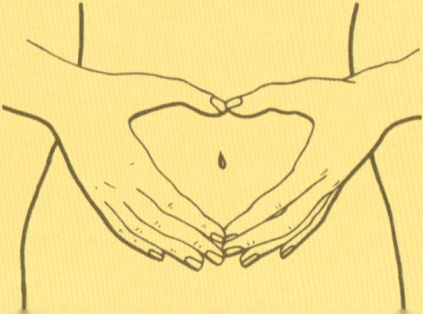

Wenn Sie die richtige Position gefunden haben, können Sie, wenn Sie möchten, Ihre Augen schließen. Atmen Sie für vier Sekunden tief in Ihren Bauch ein und konzentrieren Sie sich dabei auf selbigen. Beim Einatmen sollte sich Ihr Bauch anheben und Ihre Hände leicht wegdrücken. Halten Sie den Atem an, zählen Sie dabei erneut bis vier. Danach atmen Sie vier Sekunden lang bewusst aus. Ihr Bauch senkt sich wieder, die Hände gehen dabei zurück in ihre Ursprungsposition. Wiederholen Sie diese Übung so lange, bis Sie merken, dass Ihr Angstgefühl nachlässt und Sie innerlich wieder zur Ruhe kommen. Dies können Sie anhand eines langsamer werdenden Herzschlags, einer fließenden Atmung und eines Entspannungsgefühls feststellen.

Ergebnis: Mit dieser Übung können Sie einem plötzlich aufkommenden Angst- oder Stressgefühl entgegenwirken, indem Sie gezielt einen Entspannungszustand hervorrufen.

2 Soforthilfe:
Klarer Kopf

Wann: Vielleicht kennen Sie das Sprichwort „Mir sitzt die Angst im Nacken"? Wann immer Sie das Gefühl haben, dass eine aufkommende Angst Ihnen zu Kopf steigt, und Sie merken, dass es sich in Ihrem Kopf „zu drehen" beginnt, Ihr Nacken sich anspannt oder Sie beispielsweise keinen klaren Gedanken mehr fassen können, ist diese Übung hilfreich. Manchmal haben wir in solchen Momenten auch das Bedürfnis, einem gewissen Zwang nachzugehen, den wir eigentlich ablegen wollten (z.B. das Kauen der Fingernägel, das mehrmalige Überprüfen von verschlossenen Türen etc.).

Wofür: Die Übung soll Sie dabei unterstützen, in Stress- und Angstsituationen wieder einen klaren Kopf zu bekommen und sich wieder zu entspannen. Auch diese Übung stellt eine Soforthilfe im Alltag dar, wenn sie das Gefühl bekommen, von Ihrer Angst überrollt zu werden.

Was Sie brauchen: nichts

Anleitung: Stellen Sie sich vor, dass ihre Ohren am Hinterkopf durch eine Linie verbunden sind. Den Mittelpunkt dieser Linie bildet ein kleines Grübchen, das sogenannte oberste Kreuz. Dieses können Sie auch mit Ihren Fingern ertasten.

Konzentrieren Sie sich auf das Grübchen und stellen Sie sich vor, wie Sie durch dieses ein- und ausatmen. Achten Sie auf Ihre Atmung, diese sollte ausreichend tief sein. Sie können dabei die Augen schließen oder auch geöffnet lassen. Führen Sie diese Atemübung so lange durch, bis Sie merken, dass ihr

Kopf freier wird, Anspannungen nachlassen und Sie wieder klare Gedanken fassen können.

Anschließend können Sie beispielsweise mit Hilfe der Übung „Welche Botschaft hat meine Angst?" (s. S. 127ff.) überprüfen, was Ihre Angst Ihnen in diesem Moment sagen wollte, woher sie gekommen ist und ob es sich um eine alte oder eine real existierende Angst handelt.

Ergebnis: Beim Aufkommen von stress- oder angstauslösenden Gedanken und Vorstellungen kann Ihnen diese Übung helfen, wieder einen klaren Kopf zu bekommen.

3 Mit der Erde verbunden:
In die Fußsohlen atmen

Wann: Wenn wir ein aufkommendes Angstgefühl wahrnehmen, veranlasst uns dies manchmal dazu, dass wir mit Flucht
reagieren wollen. Befinden wir uns zum Beispiel in einem Mee-
ting und merken, dass wir Angst bekommen, oder steht uns
ein unangenehmes Telefonat bevor, so verspüren wir vielleicht
den Wunsch, uns davor zu drücken. Manchmal beginnen wir
auch, mit den Füßen zu zappeln oder uns schnell zu bewegen,
wenn wir Angst oder Stress bekommen. Es entsteht das Gefühl, dass wir aus Angst „abheben" könnten oder es uns aus der
Bahn wirft.

Wofür: Mit Hilfe dieser Übung können Sie wieder festen Halt
unter Ihren Füßen spüren und sich mit der Erde verbunden
fühlen. Dadurch gelingt es Ihnen leichter, selbstsicher aufzutre-
ten und ruhig zu werden.

Was Sie brauchen: nichts

Anleitung: Stellen Sie sich bequem hin und gehen Sie dabei
leicht in die Knie. Beginnen Sie damit, bewusst und achtsam
tief und fest ein- und auszuatmen.

Sie können dabei Ihre Augen schließen, wenn Sie möchten. Stellen Sie sich vor, wie Ihr Atem bis in Ihre Fußsohlen reicht und Sie durch diese ausatmen.

Beobachten Sie Ihren Atem dabei, wie er sich seinen Weg durch Ihren Körper bis ganz nach unten bahnt. Vielleicht merken Sie, dass Ihre Beine schwerer werden und Sie fester auf dem Boden stehen. Wiederholen Sie diese Übung mindestens zehnmal und nehmen Sie bewusst die Verbundenheit und Verwurzelung mit Ihrem Untergrund wahr. Vielleicht merken Sie auch, wie Sie ruhiger werden und der Drang abnimmt, aus der Situation zu fliehen.

Ergebnis: Indem Sie sicher auf dem Boden stehen und dadurch Verbundenheit und Schutz spüren, fühlen Sie sich entspannter und können vielleicht sogar besser wahrnehmen, welche Situation oder welches Erlebnis Ihre Angst ausgelöst hat.

4 Mit der Erde verbunden: Die Tennisballübung

Wann: Vielleicht kommen Sie manchmal abends nach Hause und spüren anstelle von Entspannung eine innere Unruhe oder Sie haben das Gefühl, dass Sie noch etwas beschäftigt. Womöglich war es ein Gespräch mit einem Kollegen, bei welchem Sie sich nicht ganz wohlgefühlt haben, eine Begegnung, die ihnen noch „im Magen liegt", oder Sie kennen den Auslöser für diese Unruhe oder innere Anspannung gar nicht.

Wofür: Diese Tennisballübung trainiert das bewusste und achtsame Wahrnehmen von äußeren Einflüssen. Sie können Ihren Kopf wieder frei bekommen und verbessern Ihre Bodenhaftung. Gleichzeitig wird dadurch ein Sicherheitsgefühl, dass Sie mit dem Boden und der Erde verbunden sind und Ihnen somit nichts passieren kann, unterstützt.

Was Sie brauchen: einen Tennisball

Anleitung: Gehen Sie in einen Raum, in welchem Sie ausreichend Platz haben, und stellen Sie sich stabil hin. Überprüfen Sie Ihren Stand: Vielleicht fällt es Ihnen schwer, ruhig auf dem Boden zu stehen, Sie wackeln mit den Zehen oder wippen auf den Fußsohlen hin und her? Achten Sie auf Gedanken und Gefühle, welche dabei entstehen.

Legen Sie anschließend den Tennisball auf den Boden und beginnen Sie, diesen mit Ihrer rechten Fußsohle zu rollen. Sie können den Druck auf den Ball immer wieder verändern, aber stellen Sie sicher, dass Sie den Ball unter Ihrem Fuß gut spüren. Rollen Sie den Ball für mindestens eine Minute fest über den Boden. Wenn Sie damit fertig sind, rollen Sie den Ball zur Seite und konzentrieren Sie sich auf die Veränderung in Ihrem rechten Fuß. Wie fühlt sich Ihr Stand mit diesem Bein im Vergleich zu vorher an? Erkennen Sie einen Unterschied zu Ihrem linken Bein, mit welchem Sie den Ball noch nicht gerollt haben?

Es ist wichtig, dass Sie sich die Veränderungen bewusstmachen und erkennen, wie sich die Verbindung zum Boden anfühlt. Welche Gedanken und Gefühle treten jetzt hervor?

Anschließend führen Sie die Übung mit Ihrem linken Fuß durch und beobachten danach erneut die Veränderungen Ihres Standes. Sie sollten nun mit beiden Beinen fest auf dem Boden stehen und die Verbindung zu diesem spüren. Vielleicht merken Sie auch, dass Ihr Kopf jetzt freier ist und es Ihnen wieder leichter fällt, klare Gedanken zu fassen.

Ergebnis: Indem Sie sicher auf dem Boden stehen und dadurch Verbundenheit und Schutz spüren, fühlen Sie sich entspannter und können vielleicht sogar besser wahrnehmen, welche Situation oder welches Erlebnis Ihre Angst ausgelöst hat.

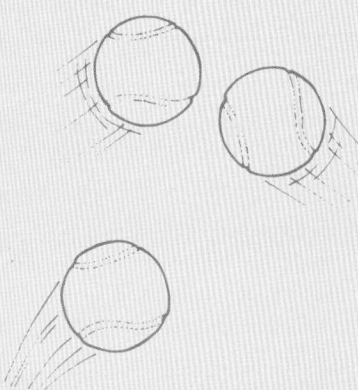

5 Körperwahrnehmung schulen:
Springen, stampfen, schwingen

Wann: Wie bereits angemerkt, benötigt Achtsamkeit im Alltag viel Übung und Konzentration. Unsere Körperwahrnehmung muss geschult werden und wir müssen lernen, unsere Aufmerksamkeit auf die Vorgänge im Inneren zu richten. Wenn Sie die Zeit und den Raum haben und Ihre Körperwahrnehmung trainieren möchten, stellt diese Übung eine gute Möglichkeit dar.

Wofür: Diese Übung kann Sie dabei unterstützen, Ihre Körperwahrnehmung zu schulen. Ihre Umsetzung selbst stellt für manche von uns eine Herausforderung dar, da wir bei ihr laut sein und uns zeigen dürfen. Wenn Sie merken, dass dies für Sie mit Angst oder Scham besetzt ist (obwohl Ihnen niemand dabei zusieht), gestehen Sie sich diese Angst zu und überprüfen Sie, warum es Ihnen Angst macht, so aus sich herauszugehen. Hierfür können Sie beispielweise auf die Übung „Welche Botschaft hat meine Angst?" (s. S. 127ff.) zurückgreifen. Durch die gezielte Körperwahrnehmung werden wir sicherer darin, Veränderungen zu erkennen und sie von außen zu betrachten.

Was Sie brauchen: ausreichend Platz und Ruhe

Anleitung: Stellen Sie sich auf ein Bein, hierbei ist es egal, ob Sie mit dem rechten oder linken beginnen. Springen Sie auf diesem zweimal und wechseln Sie dann auf Ihr anderes Bein. Der Rhythmus soll bei der gesamten Übung gleich bleiben. Jedes Mal, wenn Sie auf dem Boden aufkommen, konzentrieren Sie sich auf das, was sie bei der Berührung des Bodens spüren. Werden Ihre Schultern schwerer? Gehen Sie dabei in die Knie? Neigt sich Ihr Körper nach vorne oder hinten? Sie können auch die Intensität, mit welcher Sie am Boden ankommen, verändern. Stampfen oder springen Sie sanfter, machen Sie Geräusche oder schwingen Sie mit den Armen. Wichtig bleibt, dass Sie ihre Empfindungen und Ihren Körper bewusst wahrnehmen und beobachten, denn dies bildet die Grundlage dafür, dass Sie Ihre Ängste im Körper erkennen und lokalisieren können.

Ergebnis: Allein die Überwindung, zu stampfen, zu springen oder zu schwingen, kann schon eine Steigerung des Selbstwertgefühls bewirken. Schließlich sind wir es in der Regel nicht gewohnt, uns so zu zeigen. Außerdem können Sie Ihren Körper nach dieser Übung besser spüren, seine Grenzen fühlen und sich davon überraschen lassen, was Sie in sich wahrnehmen.

6 Körperwahrnehmung schulen: Die liegende Acht

Wann: Unsere Körperwahrnehmung ist oft stark von äußeren Einflüssen geprägt. Haben wir beispielsweise aufgrund eines uns vermittelten unrealistischen Schönheitsideals Angst davor, nicht gut, schön oder klug genug zu sein, nimmt dies wiederum Einfluss darauf, wie wir uns selbst wahrnehmen. Daher ist es wichtig, die eigene Körperwahrnehmung zu schulen und zu lernen, dass wir das, was wir wahrnehmen, nicht bewerten oder verurteilen.

Wofür: Durch eine wertfreie Wahrnehmung des eigenen Körpers erhalten wir die Möglichkeit, die Angstspirale, welche zur weiteren Selbstabwertung führt, zu unterbrechen. Bei dieser Übung geht es nun darum, dass wir merken, wie sich unsere Körperwahrnehmung verändern kann, wenn wir uns auf das konzentrieren, was in uns vorgeht, und nicht auf das, was wir im Außen wahrnehmen. Sie bietet eine zusätzliche Möglichkeit, unseren Körper und seine Vorgänge besser kennenzulernen, damit ein urteilsfreier Blick automatisiert werden kann.

Was Sie brauchen: ausreichend Platz, die Übung wird im Stehen durchgeführt

Anleitung: Finden Sie einen für Sie sicheren und stabilen Stand. Die Beine stehen hüftbreit am Boden, die Knie sind leicht angewinkelt. Atmen Sie zunächst ein paar Mal tief ein und wieder aus, Sie können dabei die Augen schließen. Nun öffnen sie gegebenenfalls wieder Ihre Augen und beginnen Sie, mit ihnen langsam in der Luft eine liegende Acht zu „schreiben".

Wiederholen Sie dies mindestens zehnmal und konzentrieren Sie sich anschließend auf die Gedanken und Gefühle, welche dies bei Ihnen hervorruft. Welche Veränderungen sind erkennbar? Sie können die Übung auch ergänzen, indem Sie anschließend dieselbe Bewegung mit Ihrem Becken nachvollziehen. Auch in diesem Fall ist das anschließende Beobachten der Veränderungen essenziell.

Ergebnis: Mit Hilfe dieser Übung können Sie lernen, die Vorgänge in Ihrem Körper besser zu spüren. Sie entwickeln dabei eine Aufmerksamkeit für Veränderungen und Gefühle, die diese Vorgänge in Ihnen hervorrufen. Außerdem schult diese Übung, eine wertfreie Haltung einzunehmen.

7 Entspannungstechnik:
Die Wirbelsäule entspannen

Wann: Wenn wir Angst haben, passiert es häufig, dass wir eine gebückte Haltung einnehmen. Aus Scham versuchen wir, uns zu verstecken und klein zu machen, und haben Angst davor, gesehen zu werden. „Die Angst sitzt mir in den Knochen": Wir spannen unsere Muskulatur an, fühlen uns steif und unbeweglich. Dies geschieht jedoch häufig zu Lasten unseres Rückens, im Speziellen unserer Wirbelsäule.

Wofür: Die Wirbelsäule als Teil unseres Skeletts ist dafür zuständig, unseren Körper aufrechtzuhalten und das Knochenmark zu schützen. Durch die Übung sollen Anspannungen im Rückenbereich und die zugrundeliegende Angst gelöst werden, damit unsere Lebensenergie wieder fließen kann.

Was Sie brauchen: einen Sessel, falls Sie die Übung sitzend durchführen möchten

Anleitung: Stellen oder setzen Sie sich aufrecht hin und lassen Sie die Schultern, wenn möglich, locker nach unten hängen. Versuchen Sie sich auf Ihre Wirbelsäule bzw. den umliegenden Bereich zu konzentrieren. Nehmen Sie Verspannungen wahr? Drückt oder zwickt es an manchen Stellen besonders?

Stellen Sie sich nun vor, dass Ihre Wirbelsäule ein Aufzug ist, welcher unten bei Ihrem Steißbein anfängt und oben in Ihrem Nacken sein Ende findet. Lassen Sie den Aufzug in Ihrer Vorstellung beim Einatmen nach oben fahren, halten Sie kurz inne und atmen Sie laut (mit Ton) wieder aus. Dabei sehen Sie dem Aufzug dabei zu, wie er wieder nach unten fährt.

Wiederholen Sie dies mehrmals, bis Ihr Aufzug problemlos und ohne zu stocken auf- und abfahren kann. Dadurch merken Sie, dass Ihre Wirbelsäule nicht steif sein muss, sondern sogar eine hohe Beweglichkeit besitzt.

Ergebnis: Vielleicht spüren Sie, wie Ihr Rücken die Anspannung loslässt und Sie eine lockerere und entspanntere Körperhaltung einnehmen. Dies ermöglicht den barrierefreien Fluss von Lebensenergie.

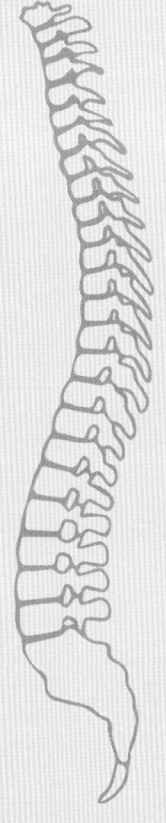

8 Entspannungstechnik: Den Kiefer entspannen

Wann: Wir können unsere Ängste nicht nur im Nacken spüren, sondern durchaus auch in unserem Kiefer. Wenn wir die Kiefermuskulatur aus Angst fest anspannen, nachts mit den Zähnen knirschen und uns regelrecht verbeißen, kommt es nicht selten dazu, dass wir Schmerzen im Kiefergelenk verspüren. Aufgrund der Nähe zu unserem Gehörorgan kann dadurch auch ein Tinnitus auftreten.

Wofür: Das Ziel der Übung besteht darin, das angespannte Kiefergelenk zu entlasten und die Gefühle zu erkennen, die sich dahinter verstecken. Nicht selten handelt es sich um Wut, Zorn oder Hilflosigkeit, um das Gefühl, etwas festhalten zu müssen bzw. die Angst davor, loszulassen.

Was Sie brauchen: einen Sessel, falls Sie die Übung sitzend durchführen möchten

Anleitung: Setzen Sie sich gemütlich und aufrecht hin oder finden Sie einen für Sie guten und sicheren Stand. Führen Sie Ihre Hände zu Ihrem Kopf und lassen Sie Ihren Unterkiefer hineinfallen. Stützen Sie dabei Ihren Kiefer und spüren Sie, wie schwer er sich anfühlt.

Nehmen Sie sich ausreichend Zeit und beginnen Sie anschließend damit, kleine Kreisbewegungen mit ihrem Unterkiefer zu vollziehen.

Lassen Sie diese mit der Zeit größer werden, wechseln Sie immer wieder die Richtung und versuchen Sie, Ihren Kiefer dabei nicht anzuspannen. Atmen Sie fortwährend gleichmäßig ein und in Ihrer Vorstellung durch die Ohren wieder aus. Sie können dabei auch laut seufzen oder schnaufen, finden Sie für sich Töne, die Ihnen bei der Entspannung helfen. Vielleicht merken Sie, wie es in Ihrem Kiefer zu knacksen beginnt. Wiederholen Sie diese Übung so lange, bis Sie merken, dass sich Ihr Kiefer entspannt und lockerer anfühlt.

Ergebnis: Ihr Kiefer entspannt und lockert sich. Gefühle erhalten dadurch mehr Raum.

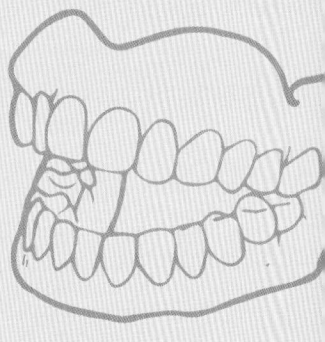

9 Entspannungstechnik: Die Angst abschütteln

Wann: Wenn Sie erkannt haben, dass sich Ihre Angst in Form von schweren oder angespannten Schultern bemerkbar macht, und Sie diese gerne buchstäblich „abschütteln" möchten, können Sie dies mit der folgenden Übung erreichen. Wie schon für die Wirbelsäule angemerkt, verändern wir aufgrund von Ängsten unsere Körperhaltung. Unsere Schultern fallen beispielsweise nach vorne und wir knicken ein. Jede/jeder von uns weiß jedoch, zu welchen Schmerzen solch eine Fehlhaltung führen kann.

Wofür: Durch diese Übung können Sie lernen, Ihre Schultern von der Last ihrer Ängste zu befreien. Eine aufrechte Körperhaltung strahlt Selbstbewusstsein aus, sie öffnet unsere Brust und lässt uns offen und aufgeschlossen wirken.

Was Sie brauchen: nichts

Anleitung: Konzentrieren Sie sich zunächst auf Ihre Schulterblätter. Wie fühlen sich diese an? Sind sie schwer, verspannt oder steif? Welche Last bzw. Angst haftet an Ihnen? Vielleicht kommen Ihnen Bilder oder Erinnerungen aus der Vergangenheit.

Atmen Sie ein paar Mal bewusst und tief ein und wieder aus. Anschließend beginnen Sie, Ihre Schultern in kleinen Kreisbewegungen nach hinten zu bewegen. Gleichzeitig atmen Sie laut und mit Ton wieder aus. Stellen Sie sich nun vor, wie ein Schmetterling fliegt, und bewegen Sie dazu die Schultern im Rhythmus Ihrer Atmung. Gedanklich können Sie dabei zusehen, wie Ihre Ängste langsam von Ihren Schultern fallen. Vielleicht hören Sie ein Knacken oder merken, dass sich Ihre Schultern wieder leichter anfühlen.

Ihre Bewegungen werden mit der Zeit fließender und Ihr Körper, besonders aber Ihre Schultern, entspannen sich. Nehmen Sie diese Entspannung sowie die Veränderungen, die sie mit sich bringt, bewusst wahr.

Ergebnis: Ihre Schultern entspannen und lockern sich. Gefühle erhalten dadurch mehr Raum.

10

Die Angst lokalisieren:
Das Körperbild

Wann: In den vorherigen Übungen haben wir gelernt, mit Hilfe einer bewussten und achtsamen Atmung uns überrollende Ängste und Gefühle zu besänftigen. Im nächsten Schritt können wir uns darin schulen, unsere Ängste zu lokalisieren. Viele von uns haben sich im Laufe ihres Lebens angewöhnt, aufkommende Gefühle zu unterdrücken und ihnen keinen Raum zu geben. Dies geschieht mittlerweile so automatisiert, dass wir teilweise gar nicht mehr wirklich spüren, wo unsere Angst sitzt oder durch welches Symptom sie sich uns zeigt.

Wofür: Mit Hilfe dieser Übung können wir den unterdrückten Ängsten und Gefühlen auf die Spur kommen. Durch das künstlerische Medium sind wir gezwungen, das Denken und somit die Kontrolle bei Seite zu lassen und uns dem Tun in Form eines kreativen Prozesses hinzugeben. Durch diese Übung geben wir unserem Körper die Gelegenheit, mit uns zu kommunizieren, und dadurch können wir auf versteckte Störungen stoßen.

Was Sie brauchen: Papier (mindestens Größe A4), einen Stift und, falls erwünscht, eine Malunterlage

Anleitung: Sie können diese Übung zwar durchaus im Sitzen (ohne Tisch) ausführen, es empfiehlt sich allerdings, eine aufrechte Position an einem Tisch einzunehmen, da eine verkrampfte Haltung vermieden werden sollte.

Legen Sie das Papier und den Stift, welchen Sie ausgewählt haben, vor sich auf den Tisch. Schließen Sie Ihre Augen, atmen Sie ein paar Mal tief ein und aus, bis Sie sich dazu bereit fühlen, den Stift in die linke Hand zu nehmen (unabhängig davon, ob Sie Rechts- oder Linkshänder sind). Mit der rechten Hand halten Sie das Papier fest.

Fragen Sie sich (das können Sie auch laut aussprechen), wo sich Ihre Ängste in Ihrem Körper befinden und auf welche Weise sie sich zeigen. Dann beginnen Sie mit der linken Hand und geschlossenen Augen langsam einen Körperumriss zu Papier zu bringen. Konzentrieren Sie sich dabei in Ihrer Vorstellung immer auf den jeweiligen Bereich des Körpers, welchen Sie gerade zeichnen.

Währenddessen achten Sie auf auftretende Gefühle, Gedanken oder körperliche Reaktionen. Bekommen Sie beispielsweise Kopfschmerzen, wenn Sie dabei sind, Ihren Kopf zu zeichnen? Werden Sie traurig, wenn Sie ihren Hals gestalten? Oder läuft es Ihnen kalt über den Rücken, wenn Sie den Strich für diesen setzen? Solche Reaktionen geben Aufschluss darüber, welche Gefühle oder Ängste sich in Ihrem Körper manifestiert haben, sodass Ihre Lebensenergie nicht fließen kann.

Ergebnis: Diese Übung kann Sie dabei unterstützen, Ihre unterdrückten Ängste in Ihrem Körper zu lokalisieren. Sie bietet außerdem eine Möglichkeit der Kommunikation mit Ihrem Körper.

11 Energieaktivierungstechnik: Klingende Buchstaben

Wann: Zur Anwendung dieser Übung rate ich Ihnen dann, wenn Sie beispielsweise gerade im Auto sitzen und merken, dass Sie ein Angstgefühl, aber auch Müdigkeit überkommt. Sie können die Übung jedoch ebenso zu Hause, im Stehen oder Sitzen, durchführen. Unsere Ängste treten oft in Momenten zum Vorschein, in welchen für uns kein klarer Auslöser erkennbar ist. Vielleicht spüren Sie auch einfach ein Unbehagen, fühlen sich getrieben oder kommen gerade nur schwer zur Ruhe.

Wofür: Mit dieser Übung können Sie Ängste, welche Sie zu überrumpeln drohen, mit Hilfe von Atmungs- und Entspannungstechniken abmildern. Ein distanzierterer und wertfreier Blick kann dadurch möglich werden. Die Übung sollten Sie, wenn möglich, an einem ruhigen Ort durchführen, sie kann aber ebenso gut in den Alltag integriert werden.

Was Sie brauchen: nichts

Anleitung: Begeben Sie sich in eine für Sie angenehme, aufrechte Haltung im Stehen oder Sitzen. Die Beine stehen hüftbreit nebeneinander, die Knie sind leicht angewinkelt. Wenn Sie sitzen, achten Sie auf eine aufrechte Position.

Atmen Sie tief ein und mit einem lauten, langgezogenen „U" wieder aus. Wiederholen Sie dies mindestens zehnmal. Mit der Zeit bemerken Sie womöglich, dass es in Ihrem Beckenbereich zu vibrieren beginnt. Hier befindet sich unser Wurzel-Chakra. Unter einem Chakra versteht man ein Energiezentrum im Körper. Nehmen Sie diese Vibration bewusst war. Anschließend atmen Sie erneut tief ein und mit einem lauten, langgezogenen „O" wieder aus, auch dies mindestens zehn-

Exkurs: Chakren

Das Wort Chakra bedeutet ursprünglich Rad oder Kreis. Ein Chakra stellt ein Energiezentrum im Körper dar. Wir besitzen sieben Hauptchakren: das Wurzel-Chakra, das Sakral-Chakra, das Solarplexus-Chakra, das Herz-Chakra, das Kehlkopf-Chakra, das Dritte Auge, auch Stirn-Chakra genannt, sowie das Kronen-Chakra. Anhand ihrer Namen lassen sich ihre Verantwortungsbereiche im Körper zuordnen. Über unsere Chakren werden physische (körperliche), psychische (seelische) und geistige Informationen ausgetauscht, durch sie fließt unsere Energie. Wenn wir Angst verspüren, führt dies dazu, dass sich unsere Chakren zusammenziehen bzw. verschließen, was wiederum unser Angstgefühl noch verstärkt. Die Energie kann dadurch nicht ungehindert durch unseren Körper fließen.

mal. Die Vibration sollte diesmal in Ihrem Bauchbereich spürbar sein. Hier befinden sich unser Sakral-Chakra (unter dem Nabel) sowie das Solarplexus-Chakra (um und über dem Nabel), ein Geflecht aus Nervenknoten und -fasern unseres vegetativen Nervensystems (s. S. 24). Danach atmen Sie mit einem langgezogenen „A" aus und wiederholen dies ebenso mindestens zehnmal. Die Vibration sollten Sie in diesem Fall in Ihrer Brust spüren, denn hier befindet sich das Herz-Chakra. Anschließend atmen Sie mit einem langgezogenen „E" aus. Diesmal sollte es im Kehlkopfbereich vibrieren, denn hier befindet sich unser Kehlkopf-Chakra. Für die letzten zehn Wiederholun-

gen atmen Sie mit einem langgezogenen „I" aus. Vielleicht spüren Sie eine leichte Vibration in Ihrem Stirnbereich. Hier befindet sich unser Drittes Auge. Es ist zuständig für unsere Intuition
und unsere Fähigkeit, Erkenntnisse zu gewinnen.

Kronen-Chakra

Drittes-Auge

Kehlkopf-Chakra

Herz-Chakra

Solarplexus-Chakra

Sakral-Chakra

Wurzel-Chakra

Ergebnis: Diese Übung ermöglicht Ihnen einen distanzierteren
Blick auf ein Angst- oder Stressgefühl, das Sie zu überrollen
droht. Dadurch können Sie gezielt einen Entspannungszustand
in Ihrem Körper hervorrufen.

12 Welche Botschaft hat meine Angst?
Farb- und Formübung

Wann: Wenn wir gelernt haben, unsere Ängste zu erkennen und sie im Körper anhand auftretender Gefühle oder Reaktionen zu lokalisieren, können wir im nächsten Schritt in die Kommunikation mit unseren Ängsten treten. Sie haben beispielsweise erkannt, dass es bei Ihnen immer Angst hervorruft, wenn Sie in der Voraussicht ins Büro gehen, dass ein gewisser Kunde kommt: Sie werden angespannt und bekommen Kopfschmerzen. Nun gilt es herauszufinden, wieso dieser Kunde solche Angst bei Ihnen hervorruft, obwohl es eigentlich keinen direkten Auslöser oder Grund dafür gibt.

Wofür: Andere Menschen oder Situationen sind oft Auslöser für alte Ängste, auch wenn sie mit dem gegenwärtigen Moment eigentlich nichts zu tun haben. Vielleicht wechseln Sie beispielsweise unbewusst immer die Straßenseite, wenn Ihnen eine Frau in einem gelben Pullover entgegenkommt, da Ihre Tante, bekleidet mit einem gelben Pullover, Sie einmal nachts in Ihr Zimmer gesperrt hat und Sie schreckliche Angst bekamen.

Solche Muster laufen unbewusst und im Hintergrund ab. Schwierig wird es dann, wenn diese Muster einen negativen Einfluss auf unser Hier und Jetzt nehmen. Dies kann zum Beispiel der Fall sein, wenn wir große Angst davor haben, vor anderen Menschen zu sprechen oder uns auf öffentlichen Plätzen zu bewegen.

Was Sie brauchen: ausreichend Zeit, gegebenenfalls Papier und Stifte, um etwas zu notieren

Anleitung: Setzen Sie sich in einer für Sie angenehmen Position hin. Nehmen Sie wahr, wo im Körper Sie Ihre Angst spüren. Fühlen Sie genau zu dieser Stelle hin.

Wenn Sie die Stelle in Ihrem Körper gefunden haben, beispielsweise in Ihrem Bauch, in Ihren Knien oder in Ihrem Rücken, dann beginnen Sie nachzuspüren, welche Farbe Ihr Angstgefühl hat. Ist es beispielsweise braun, grün oder vielleicht rot?

Wenn Sie ihrem Angstgefühl eine Farbe zuordnen konnten, spüren Sie weiter nach und betrachten Sie das Angstgefühl. Welchen Geruch hat es? Riecht es beispielsweise sauer, süß oder modrig?

Haben Sie den Geruch für Ihr Angstgefühl gefunden, so betrachten Sie dieses genauer. Welche Form hat Ihr Angstgefühl? Ist es eher groß, klein, eckig oder rund?

Vielleicht verorten Sie Ihr Angstgefühl auf den Schultern, es ist groß, braun und eckig, riecht modrig und nimmt mit der Zeit die Form eines Kastens an. Oder vielleicht nehmen Sie es in den Händen wahr, es ist klein, grün, riecht nach Schweiß und hat die Form eines Tennisballs. Beobachten Sie Ihr Angstgefühl ganz genau, die Formen können sich dabei auch immer wieder verändern.

Vielleicht treten im Laufe der Zeit Erinnerungen und Bilder aus der Vergangenheit auf, die Hinweise darauf geben können, wie Ihre Angst entstanden ist, woher sie kommt und was sie Ihnen mitteilen möchte. Solche Bilder ermöglichen es uns, die

Botschaften hinter unseren Ängsten zu erkennen und zu realisieren, dass diese meist nichts mit dem gegenwärtigen Moment zu tun haben, sondern bereits länger bestehen.

Unseren Ängsten Farben, Gerüche und Formen zu geben, mag für Sie im ersten Moment vielleicht schwer nachvollziehbar sein. Wir benötigen diese Assoziationen jedoch, um mit unserem emotionalen Gedächtnis in Verbindung zu treten. Bestimmt haben Sie schon einmal davon gelesen, wie gut unser Geruchssinn dazu geeignet ist, besonders starke Erinnerungen in uns zu wecken. Solche Zuschreibungen ermöglichen uns also, mit unserem Unterbewusstsein und mit unseren längst vergessenen Erinnerungen in Form von Bildern oder Gerüchen in Kontakt zu treten.

Ergebnis: Mit Hilfe dieser Übung befragen Sie Ihre alten Ängste, welche Informationen sie für Sie bereithalten. Damit können Sie an ihnen wachsen und Ihren Selbstwert steigern.

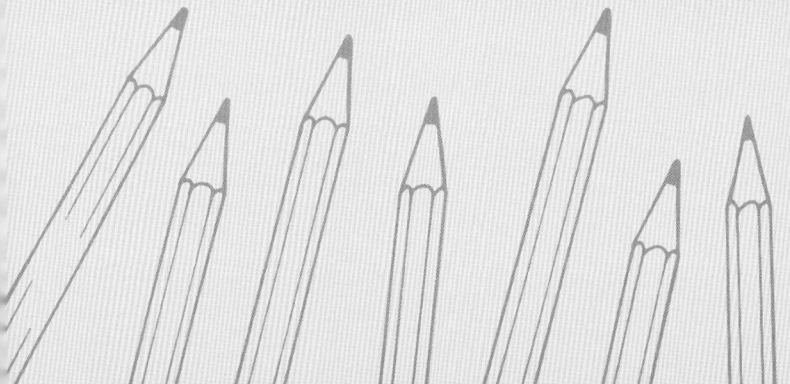

13 Ängste weiterziehen lassen:
Die Wolkenübung

Wann: Haben wir unsere Ängste und vielleicht auch ihre Botschaften aus unserer Erinnerung erkannt und angenommen, sind an ihnen gewachsen und haben an Selbstwert gewonnen, so sind sie uns in der Gegenwart unter Umständen nicht mehr dienlich. Es entsteht das Bedürfnis, sie loszulassen.

Wofür: Mit Hilfe dieser Übung können Sie Ihre alten Ängste loslassen, wenn Sie das Bedürfnis haben, diese aus Ihrem Leben zu verabschieden. Nicht selten kehren alte Muster und Ängste jedoch in neuen Situationen zurück.

Die Übung kann daher immer wieder durchgeführt werden, um nochmals zu überprüfen, ob wir auch wirklich bereit waren, sie loszulassen, und sie nicht mehr brauchen. Schließlich haben wir uns viele von ihnen über Jahre hin antrainiert und sie als Rettungsanker benötigt.

Was Sie brauchen: nichts

Anleitung: Begeben Sie sich in eine für Sie angenehme Sitz- oder Stehposition. Sie können Ihre Augen schließen, wenn Sie möchten. Atmen Sie mehrere Male tief ein und wieder aus, bis Sie sich ausreichend entspannt fühlen. Stellen Sie sich anschließend eine schöne große Wolke vor. Sie haben nun die Möglichkeit, all Ihre Ängste auf dieser zu platzieren. Suchen Sie nach einem passenden Platz für Ihre Ängste auf dieser Wolke.

Danach schicken Sie die Wolke in Ihrer Vorstellung mitsamt Ihren Ängsten davon. Lassen Sie die Wolke von links beginnend, an Ihrem rechten Auge vorbeiziehen, bis Sie in Ihrem Augenwinkel nur noch das letzte Ende der Wolke sehen.

Verabschieden Sie sich damit von Ihren Ängsten. Bedanken Sie sich bei ihnen für die Chance sich weiterzuentwickeln, welche sie ihnen gegeben haben.

Ergebnis: Diese Übung kann Sie dabei unterstützen, erkannte alte Ängste abzugeben, wenn Sie diese aus Ihrem Leben verabschieden möchten.

14 Altes verabschieden:
Die zwei Seiten der liegenden Acht

Wann: Wenn Sie Ängste, Muster, Gefühle oder Gedanken verabschieden möchten, damit sie keinen negativen Einfluss mehr auf Ihr Leben nehmen, empfehle ich Ihnen diese Übung. Sie dient dazu, in der Gegenwart einen symbolischen Abschied für Ihre Ängste zu gestalten.

Wofür: Das bewusste symbolische Verabschieden alter Emotionen, Ängste oder Glaubenssätze führt irgendwann zu einer Manifestation in unserem Unterbewusstsein. Regelmäßige Wiederholungen sind hierfür ausschlaggebend, schließlich haben wir uns die alten Ängste meist auch über viele Jahre antrainiert. Geben Sie sich also so viel Zeit wie nötig und gehen Sie achtsam mit sich um.

Was Sie brauchen: Papier (mindestens Größe A4), verschiedene Stifte (es können auch Ölkreiden sein) und, falls erwünscht, eine Malunterlage

Anleitung: Setzen Sie sich in einer für Sie bequemen Position an Ihren Tisch. Sie können die Übung auch auf dem Boden durchführen, ich empfehle Ihnen jedoch eine bewusst aufrechte Haltung, da die Übung etwas Zeit beanspruchen kann.

Suchen Sie sich eine Farbe aus und gestalten Sie auf Ihrem Papier eine große liegende Acht, deren gleichmäßige Schlaufen ausreichend Platz für Text lassen.

Füllen Sie die rechte Schlaufe nun mit all jenen Dingen, die Sie gerne abgeben möchten. Dies können Ängste, Muster, Glaubenssätze, Angewohnheiten, aber auch Personen, welche Sie negativ beeinflussen, sein.

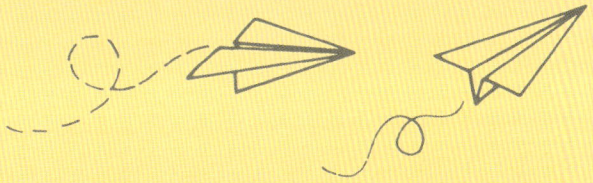

In die linke Hälfte Ihrer Acht schreiben Sie all jene Dinge, für die Sie in Ihrem Leben dankbar sind. Dies können Fähigkeiten, Erlebnisse, Vorlieben, aber auch Menschen, die Ihnen besonders am Herzen liegen, sein.

Anschließend nehmen Sie einen anderen Stift in die Hand und zeichnen Ihre liegende Acht immer wieder nach, während Sie sich auf das von Ihnen Geschriebene konzentrieren und sich immer wieder vor Augen führen, wofür Sie dankbar sind und was Sie gerne loslassen möchten.

Im nächsten Schritt nehmen Sie Ihr Blatt, falten es an jener Stelle, an der sich die beiden Schlaufen berühren und schneiden es dort auseinander. Die Hälfte mit den positiven Dingen hängen Sie an einem für Sie gut sichtbaren Ort auf, an welchem Sie mehrmals täglich vorbeikommen. Für die andere Hälfte bietet Ihnen diese Übung mehrere Möglichkeiten:

- Sie nehmen Abschied, indem Sie diese Hälfte verbrennen (bitte die passenden Sicherheitsvorkehrungen beachten!)
- Sie gehen zu einem Bach oder Fluss, werfen diese Hälfte in das Wasser und beobachten sie dabei, wie sie davontreibt.
- Sie begeben sich mit dieser Hälfte auf einen Berg und lassen sie dort oben oder sehen ihr dabei zu, wie sie als Papierflieger ins Tal gleitet.
- Seien Sie kreativ und finden Sie heraus, welche Form des Abschieds sich für Sie passend und stimmig anfühlt.

Unabhängig davon, für welche Methode Sie sich entscheiden, atmen Sie dabei tief ein und sagen Sie sich mindestens dreimal: „Ich lasse in Liebe und Frieden los." Erst die Befreiung von unnötigem Ballast aus der Vergangenheit macht uns frei, gibt uns Kraft und Energie für nächste Schritte und macht Platz für Neues.

Ergebnis: Mit dieser Übung können Sie erkannte alte Ängste, welche Sie aus Ihrem Leben verabschieden möchten, abgeben.

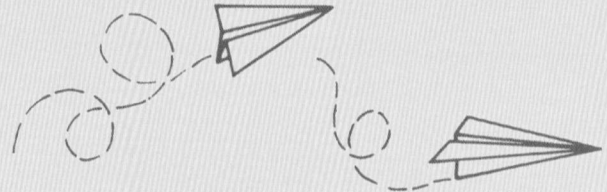

15

Partnerübung:
Rücken an Rücken

Wann: Nehmen Sie ein aufkommendes Angst- oder Stressgefühl wahr, so verspüren Sie vielleicht das Bedürfnis, sich anlehnen zu dürfen. Diese Übung können Sie aber auch regelmäßig anwenden, wenn Sie in einer Beziehung leben. Sie müssen sie nicht unbedingt mit Ihrem Partner oder Ihrer Partnerin ausführen, sondern können auch eine Freundin oder einen Freund, ein Familienmitglied oder Ihr Kind bitten.

Wofür: Diese Übung kann Ihnen dabei helfen, sich zu beruhigen, indem Sie sich anlehnen dürfen. Wenn Sie sie mit einer Ihnen vertrauten Person durchführen, können Sie gleichzeitig herausfinden, wie sich dies für Sie anfühlt, ob es Ihnen leichtfällt und wo Sie gegebenenfalls an Ihre Grenzen stoßen.

Was Sie brauchen: einen Menschen, dem Sie vertrauen, sowie einen gemütlichen Platz auf dem Boden

Anleitung: Suchen Sie sich gemeinsam einen bequemen Platz auf dem Boden und setzen Sie sich Rücken an Rücken hin. Lassen Sie sich für diese Übung ausreichend Zeit. Die Übung sollte nonverbal durchgeführt werden und, wenn Sie möchten, auch mit geschlossenen Augen.

Lehnen Sie sich gegenseitig so an, wie es sich für Sie gut anfühlt. Ihr Partner bzw. Ihre Partnerin tut dies ebenso. Probieren Sie aus, wie es sich anfühlt, wenn Sie den Druck variieren, an welchen Stellen Sie mehr Kontakt benötigen und wo Sie lockerer lassen können. Die Übung besteht darin zu erkennen, wie es sich anfühlt, sich anlehnen zu dürfen. Spüren Sie genau nach: Fällt es Ihnen leicht, sich so an Ihren Partner bzw. Ihre Partnerin anzulehnen? Wo spüren Sie Grenzen oder gar Hemmungen, sich ganz fallenzulassen? Entsteht Wärme zwischen Ihren Körpern? Gibt Ihnen diese Übung Sicherheit, fühlen Sie sich dabei wohl? Wenn ja, dann nehmen Sie dieses Gefühl von Wärme und Sicherheit ganz bewusst wahr. Es ermöglicht Ihnen, wenn Sie einmal keinen Partner oder keine Partnerin für die Übung haben, diese in abgewandelter Form alleine durch-zuführen. Am Ende der Übung bedanken Sie sich bei Ihrem Partner bzw. Ihrer Partnerin.

Abwandlung: Haben Sie die beschriebene Übung bereits mit einem Partner bzw. einer Partnerin durchgeführt und sich ein daraus resultierendes Gefühl der Sicherheit und Wärme be-wusstgemacht, können Sie selbiges auch alleine wieder ent-stehen lassen. Nehmen Sie sich hierfür eine warme Decke und legen Sie sich diese über den Rücken. Sie können sich auch in sie einwickeln – finden Sie eine für Sie passende Lösung. An-schließend setzen Sie sich auf den Boden und lehnen sich an eine Wand, einen Schrank oder Ähnliches. Seien Sie sich auch hier selbst eine gute „Mutter" und finden Sie eine Position, die sich für sie gut anfühlt.

Erinnern Sie sich daran, wie Sie die Übung mit Ihrem Part-ner bzw. Ihrer Partnerin gemacht haben, wie Sie sich dabei gefühlt haben und wie sich Sicherheit und Wärme langsam in Ihrem Körper ausbreiten.

Ergebnis: Ihr Körper gerät wieder in einen Zustand der Ent-spannung. Außerdem erfahren Sie, wie es sich für Sie anfühlt, wenn Sie sich anlehnen dürfen.

Quellenverzeichnis

Fink-Eitel, Hinrich: Angst und Freiheit, Überlegungen zur philosophischen Anthropologie. In: H. Fink-Eitel und Georg Lohmann (Hrsg.): Zur Philosophie der Gefühle. Frankfurt am Main: Suhrkamp, 1994.

Hautzinger, Martin/de Jong-Meyer, Renate: Depressionen. In: H. Reinecker (Hrsg.): Lehrbuch der Klinischen Psychologie und Psychotherapie. Göttingen: Hogrefe, 2003.

Hepp, Volker: Alexander Lowen. https://www.systemstellen.org/wiki/menschen-und-biografien/alexander-lowen/. Aufgerufen am 09.03.2019.

Hofmann, Stefan/Sawyer, Alice/Witt, Ashley/Oh, Diana: The Effort of Mindfulness-Based Therapy on Anxiety and Depression. A Meta-Analytic Review. In: J. Consult Clin. Psychol. 78(2), 2010: S. 169–183.

ICD-10-Code: Neurotische, Belastungs- und somatoforme Störungen. http://www.icd-code.de/icd/code/F40-F48.html. Aufgerufen am 28.02.2019.

Lohmann, Bettina/Annies, Susanne: Achtsamkeit in der Verhaltenstherapie. Störungsspezifische Interventionen und praktische Übungen (2. Auflage). Stuttgart: Schattauer, 2016.

Lowen, Alexander: Bioenergetik als Körpertherapie. Der Verrat am Körper und wie er wiedergutzumachen ist. Reinbek bei Hamburg: Rowohlt, 1998.

Lowen, Alexander: Bioenergetik. Therapie der Seele durch Arbeit mit dem Körper (23. Auflage). Reinbek bei Hamburg: Rowohlt, 2002.

Maier, Josephina: Angst, Aggression und Amok. In: Die Zeit online, 20.08.2009, http://www.zeit.de/2009/35/PS-Verbitterung. Aufgerufen am 16.02.2019.

Moser, Majda: Visionen zum Glück. Der Weg zu mehr Lebensfreude. Wien: echomedia, 2013.

Schüle, Christian: In den Fängen der Angst. In: Die Zeit online, 19.04.2007, http://www.zeit.de/2007/17/Dossier-Angst. Aufgerufen am 16.02.2019.

Stangl, Werner: Angst. http://arbeitsblaetter.stangl-taller.at/EMOTION/Angst.shtml. Aufgerufen am 16.02.2019.

The Alexander Lowen Foundation: Alexander Lowen, M.D. https://www.lowenfoundation.org/about-alexander-lowen. Aufgerufen am 01.03.2019.

Warwitz, Siegbert: Formen des Angstverhaltens. In: Ders.: Sinnsuche im Wagnis. Leben in wachsenden Ringen. Hohengehren: Schneider, 2001.

Stichwortverzeichnis